朝鮮總督府 編纂

초등학교 <歷史> 교과서 原文(中)

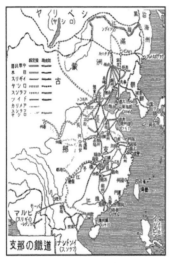 

김순전 · 사희영 · 박경수 · 장미경

김서은 · 차유미 · 여성경 編

제이앤씨
Publishing Company

1940년 『初等國史』 第五學年　　1941년 『初等國史』 第六學年

初等國史　第五學年

朝鮮總督府

初等國史　第六學年

朝鮮總督府

≪總目次≫

插畫と地圖
　　國のはじめ(瓊瓊杵尊の天降り)
　　今の大和
　　橿原神宮
　　出雲大社
　　大本營(支那事變)
　　神のまもり(金色の鵄)
　　天皇陛下の御そなへもの(官弊大社朝鮮神宮の祭)
　　神のまもり(草薙劔と日本武尊)
　　皇大神宮(今上天皇の行幸)
　　皇大神宮
　　聖德太子
　　法隆寺
　　奈良の都…(地圖)
　　都のさかえ(奈良の都)
　　佛敎のさかえ(東大寺)
　　舍人親王
　　卽位の禮(今上天皇)
　　桓武天皇
　　京都の都(一)…(地圖)
　　平安京
　　京都の都(二)…(地圖)
　　坂上田村麻呂
　　藤原鎌足のほまれ(天智天皇の行幸)
　　比叡山
　　高野山
　　鳳凰堂
　　國風のあらはれ(世の中の有樣)

皇威のかゞやき(太平洋御覽)
東京の都(明治天皇の東京御着)
外國とのまじはり(岩倉具視の出發)
世のうつりかはり(一)
世のうつりかはり(二)
帝國憲法の發布
帝國議會議事堂
靖國神社(今上天皇の行幸)
露もそむかじ(勅語の奉讀式)
擧國一致(身をすて家をわすれて)
擧國一致(銃後のいのり)
擧國一致(銃後のまもり)

1941년 『初等國史』 第六學年

萬世一系(ばんせいいつけい/皇室御系圖:くわうしつごけいづ)

挿畫と地圖

海の幸山の幸(風土のめぐみ)

石器(斧・矢じり・はうちやう)

遠い昔の生活

土器のいろいろ

古墳の遺物(曲玉・耳飾・鈴鏡)

埴輪(男と女)

昔の家

みいつのひかり…(地圖)

支那文化の進み…(地圖)

樂浪郡の遺物(漢の文化)

三韓…(地圖)

高麗の風俗(狩の樣子)

新羅の風俗(黃金の冠)

百濟の遺跡(扶餘の寺址)

外宮(豐受大神宮)

法隆寺の遺物(佛像)

扶餘
國のまじはり (遣唐使)
遣唐使のゆきき…(地圖)
みいつのかゞやき…(地圖)
正倉院の御物
文化の寶庫 (正倉院)
博多のにぎはひ…(地圖)
國風のほこり (東大寺の奝然)
工藝の進み (扇)
元のいきほひ…(地圖)
三浦のにぎはひ (釜山浦)
世界のうつりかはり…(地圖)
少年使節のローマ入り
文祿慶長の役…(地圖)
碧蹄の戰
釜山貿易のにぎはひ (和館)
海上發展 (朱印船の貿易)
南方發展…(地圖)
國民の海外發展 (インドシナ半島の日本町)
オランダ人の貿易
發展のもとゐ…(地圖)
貨幣のいろいろ (商業の進み)
製絲の發展
世界のうごき…(地圖)
海のまもり (伊能忠敬の測量)
國土のまもり (江川英龍の反射爐)
國民の目ざめ (アメリカの使)
明治二十七八年戰役…(地圖)
平和のみだれ…(地圖)
明治三十七八年戰役…(地圖)
奉天の戰 (入城式)
日本海の海戰 (旗艦三笠)

序 文

1. 조선총독부 편찬 초등학교 <歷史>교과서 원문서 발간의 의의

  본서는 일제강점기 조선총독부에 의해 편찬된 관공립 초등
학교용 <歷史>교과서 『普通學校國史』上・下卷(1922, 2권)
『普通學校國史』卷一・二(1932-33, 2권), 『初等國史』第五・六
學年(1940-41, 2권), 『初等國史』第五・六學年(1944, 2권) 등
총 8권에 대한 원문서이다.

  교과서는 국민교육의 정수(精髓)로, 한 나라의 역사진행과
불가분의 관계성을 지니고 있기에 그 시대 교과서 입안자의
의도는 물론이려니와 그 교과서로 교육받은 세대(世代)가 어
떠한 비전을 가지고 새 역사를 만들어가려 하였는지를 알아
낼 수 있다.

  주지하다시피 한국의 근대는 일제강점을 전후한 시기와 중
첩되어 있었는데, 그 관계가 '국가 對 국가'이기보다는 '식민
자 對 식민지'라는 일종의 수직적 관계였기에 정치, 경제, 사
회, 문화, 교육에 이르기까지 일제의 영향을 배제하고는 생각
하기 어렵다.

  이는 교육부문에서 두드러진 현상으로 나타난다. 근대교육
의 여명기에서부터 일본의 간섭이 시작되었던 탓에 한국의
근대교육은 채 뿌리를 내리기도 전에 일본의 교육시스템을

받아들이게 되었고, 이후 해방을 맞기까지 모든 교육정책과 공교육을 위한 교과서까지도 일제가 주도한 교육법령에 의해 강제 시행되게되었다. 그런 까닭에 일제강점기 공교육의 기반이 되었던 교과서를 일일이 찾아내어 새로이 원문을 구축하고 이를 출판하는 작업은 '教育은 百年之大系'라는 생각으로 공교육을 계획하고 입안하는 국가 교육적 측면에서도 매우 중차대한 일이라 여겨진다. 이야말로 근대 초등교과과정의 진행과 일제의 식민지교육정책에 대한 실체를 가장 적확하게 파악할 수 있는 기반이 될 뿐만 아니라, 현 시점에서 보다 나은 시각으로 역사관을 구명할 수 있는 기초자료가 될 수 있기 때문이다.

지금까지 우리는 "일본이 조선에서 어떻게 했다"는 개괄적인 것은 수없이 들어왔으나, "일본이 조선에서 이렇게 했다"는 실제를 보여준 적은 지극히 드물었다. 이는 '먼 곳에 서서 숲만 보여주었을 뿐, 정작 보아야 할 숲의 실체는 보여주지 못했다.'는 비유와도 상통한다. 때문에 본 집필진은 이미 수년 전부터 한국역사상 교육적 식민지 기간이었던 일제강점기 초등교과서의 발굴과 이의 복원 정리 및 연구에 진력해 왔다. 가장 먼저 한일 〈修身〉교과서 58권(J:30권, K:28권) 전권에 대한 원문서와 번역서를 출간하였고, 〈國語(일본어)〉교과서 72권 전권에 대한 원문서와 번역서의 출간을 지속적으로 진행하고 있다. 또한 〈唱歌〉교과서의 경우 19권 전권을 원문과 번역문을 함께 살펴볼 수 있도록 대조번역서로서 출간한바 있다. 또한 이들 교과서에 대한 집중연구의 결과는 이미 연구서로 출간되어 있는 상태이다.

일제강점기 조선의 초등학교에서 사용되었던 <歷史>교과서 원문서 발간은 이러한 작업의 일환에서 진행된 또 하나의 성과이다. 본 원문서 발간의 필연성은 여타의 교과서와는 다른 <歷史>교과서의 교육적 효과, 즉 당시의 사회상을 통계와 실측에 기초한 각종 이미지 자료를 활용하여 보다 실증적인 교육 전략을 구사하고 있기에 그 의의를 더한다.

한국이 일본에 강제 병합된 지 어언 100년이 지나버린 오늘날, 그 시대를 살아온 선인들이 유명을 달리하게 됨에 따라 과거 민족의 뼈아팠던 기억은 갈수록 희미해져 가고 있다. 국가의 밝은 미래를 그려보기 위해서는 힘들고 어려웠던 지난날의 고빗길을 하나하나 되짚어 보는 작업이 선행되어야 하지만, 현실은 급변하는 세계정세를 따르는데 급급하여 이러한 작업은 부차적인 문제로 취급되고 있는 실정이다. 과거를 부정하는 미래를 생각할 수 없기에 이러한 작업이 무엇보다도 우선시되어야 할 필연성을 절감하지 않을 수 없는 것이다.

최근 일본 정치권에서는 제국시절 만연했던 국가주의를 애국심으로 환원하여 갖가지 전략을 구사하고 있다. 물론 과거의 침략전쟁에 대한 비판의 목소리도 있긴 하지만, 현 일본 정치권의 이같은 자세에 대해 더더욱 실증적인 자료 제시의 필요성을 느낀다.

본서의 발간은 일제강점기 조선인 학습자에게 시행되었던 <歷史>교과서를 복원함으로써 <歷史>교육에 대한 실증적 자료제시와 더불어 관련연구의 필수적 기반으로 삼고자 하는 것이다.

2. 일제강점기 역사교육의 전개와 <歷史>교과서

1) 식민지 역사교육의 전개

한국 근대교육의 교과목에 공식적으로 <地理>와 함께 <歷史>가 편제된 것은 1906년 8월 공포된 <보통학교령(普通學校令)> 제6조의 "普通學校 敎科目은 修身, 國語 및 漢文, 日語, 算術, 地理, 歷史, 理科, 圖畵, 體操로 한다. 여자에게는 手藝를 가한다."(勅令 제44호)는 조항에 의한다. 그러나 <보통학교규칙(普通學校規則)> 제9조 7항을 보면 "地理歷史는特別흔時間을定치아니ᄒ고國語讀本及日語讀本에所載한바로敎授ᄒ느니故로讀本中此等敎授敎材에關교ᄒ야는特히反復丁寧히設明ᄒ야學徒의記憶을明確히훔을務훔이라."고 되어있어, 별도의 시수 배정이나 교과서 편찬은 하지 않고 國語(일본어) 과목에 포함시켜 교육하고 있었음을 말해준다.

이러한 시스템은 강점이후 그대로 이어졌다. 한국을 강제 병합한 일본은 한반도를 일본제국의 한 지역으로 인식시키기 위하여 '大韓帝國'을 '朝鮮'으로 개칭(改稱)하였다. 그리고 제국주의 식민지정책 기관으로 '조선총독부(朝鮮總督府)'를 설치한 후, 초대총독으로 데라우치 마사타케(寺內正毅, 이하 데라우치)를 임명하여 원활한 식민지경영을 위한 조선인 교화에 착수하였다. 이를 위하여 무엇보다도 역점을 둔 정책은 식민지 초등교육이었다. 1911년 8월 공포된 <조선교육령(朝鮮敎育令)> 全文 三十條는 데라우치의 조선인교육에 관한 근본 방침을 그대로 담고 있는데, 그 요지는 '일본인 자제에게는 학

술, 기예의 교육을 받게 하여 국가융성의 주체가 되게 하고, 조선인 자제에게는 덕성의 함양과 근검을 훈육하여 충량한 국민으로 양성해 나가는 것'이었다. 교과서의 편찬도 이의 취지에 따라 시도되었다.

그러나 강점초기 <歷史> 및 <地理>과목은 이전과는 달리 교과목 편제조차 하지 않았다. 당시 4년제였던 보통학교의 학제와 관련지어 5, 6학년에 배정된 역사, 지리과목을 설치할 수 없다는 표면적인 이유에서였지만, 그보다는 강점초기 데라우치가 목적했던 조선인교육방침, 즉 "덕성의 함양과 근검을 훈육하여 충량한 국민으로 양성"해 가는데 <歷史>과목은 필수불가결한 과목에 포함되지 않았다는 의미에서였을 것이다. <歷史>에 관련된 지극히 일반적인 내용이나 국시에 따른 개괄적인 사항은 일본어교과서인『國語讀本』에 부과하여 학습하도록 규정하고 있었고, 학제의 개편이 이루어지지 않았던 까닭에 좀 더 심화된 <歷史>교과서 발간의 필요성이 요구되지 않았던 까닭으로 여겨지기도 한다.

일제강점기 초등교육과정에서 독립된 교과목과 교과서에 의한 본격적인 <歷史>교육은 <3·1운동> 이후 문화정치로 선회하면서부터 시작되었다. 보통학교 학제를 내지(일본)와 동일한 6년제를 적용하면서 비로소 5, 6학년과정에 주당 2시간씩 배정 시행하게 된 것이다. 이러한 사항은 1922년 <제2차 교육령> 공포에 의하여 법적 근거가 마련되게 되었다. 이후의 <歷史>교육은 식민지교육정책 변화, 즉 교육법령의 개정에 따라 변화된 교수요지에 의한다. 이러한 일련의 변화사항을 <표 1>로 정리해보았다.

〈표 1〉 교육령 시기별 〈歷史〉과 교수 요지

시기	법적근거	내 용
2 차 교 육 령 (1922. 2. 4)	보통학교 규정 13조 조선총독 부령 제8호 (동년 2.20)	- 日本歷史는 國體의 대요를 알도록 하며, 그와 함께 국민으로서의 지조를 기르는 것을 요지로 한다. - 日本歷史는 我國의 初期부터 現在에 이르기까지 중요한 事歷을 가르치며, 朝鮮의 變遷에 관한 중요한 史蹟의 대요도 알도록 해야 한다. - 日本歷史를 가르칠 때는 될 수 있는 대로 그림, 지도, 표본 등을 보여주어서 아동이 당시의 실상을 상상하기 쉽도록 한다. 특히 「修身」의 교수사항과 서로 연계되도록 해야 한다.
3 차 교 육 령 (1938. 3. 3)	소학교 규정 20조 조선총독 부령 제24호 (동년 3.15)	- 國史는 肇國의 유래와 國運進就의 대요를 가르쳐서 國體가 존엄한 까닭을 알도록 하며, 황국신민으로서의 정신을 함양하는 것을 요지로 한다. - 심상소학교에서는 조국의 체제, 황통의 무궁함, 역대 천황의 성업, 국민의 충성, 현재의 사적, 문화의 진전, 외국과의 관계 등을 가르침으로써 國初부터 現在에 이르기까지 國史를 일관하는 국민정신에 대한 사실을 알도록 해야 한다. - 고등소학교에서는 전 항의 趣旨를 넓혀서 특히 근세사에 중점을 두어 이를 가르치고, 세계 속에서 我國의 지위를 알도록 해야 한다. - 舊史를 가르칠 때는 헛되이 사실의 나열에 흐르는 것 없이 항상 그 정신을 중시해야 한다. 또한 가능한 한 그림, 지도, 표본 등을 제시하고 위인들의 언행 등을 인용하여 아동이 깊은 감명을 받도록 하며, 특히 「修身」의 교수사항과 서로 연계되도록 해야 한다.
국 민 학 교 령 (1941. 3)과 4 차 교 육 령 (1943. 3. 8)	초등학교 규정 6조 조선총독 부령 제90호	- 國民科의 國史는 我國의 역사에 대해 그 대요를 이해시키도록 하며, 국체가 존엄한 바를 體認하도록 하고, 황국의 역사적 사명감을 자각시키는 것으로 한다. - 초등과는 조국의 宏遠, 황통의 無窮, 역대 천황의 성덕, 국민의 충성, 거국봉공의 史實 등에 대해서 황국발전의 발자취를 알도록 하며, 국운의 隆昌, 문화의 발전이 조국의 정신을 구현하는 바를 이해시키도록 해야 한다. 또한 여러 외국과의 역사적 관계를 분명하게 하고 동아시아 및 세계에 있어서 황국의 사명을 자각하도록 해야 한다. - 고등과는 그 정도를 높여서 이를 부과해야 한다. - 헛되이 사실의 나열에 치우치지 말고 國史의시대적 양상에 유의하여 일관된 조국의 정신을 구체적으로 感得·파악하도록 해야 한다. - 內鮮一體에서 유래하는 史實은 특히 유의하여 이를 가르쳐

		야 한다.
		- 연표, 지도, 표본, 회화, 영화 등은 힘써 이를 이용하여 구체적·직관적으로 습득할 수 있도록 해야 한다.

위의 교육령 시기별 <歷史>과 교수요지의 중점사항을 살펴보면, <2차 교육령> 시기는 역사교육 본연의 목적인 "일본의 事歷과 朝鮮의 變遷에 관한 중요한 史蹟의 대요"와 함께 "국세의 대요 이해"에, <3차 교육령> 시기에는 이에 더하여 "肇國의 유래와 國運進就의 대요로서 國體의 존엄성과, 황국신민으로서의 정신을 함양"에 중점을 두었다. 그리고 공히 「修身」과목과의 연계성을 강조하였다. 한편 태평양전쟁을 앞두고 전시체제를 정비하기 위해 <국민학교령>을 공포 이후부터는 <修身> <國語> <地理>과목과 함께 「國民科」에 포함되어 "조국의 宏遠, 황통의 無窮, 역대 천황의 성덕 등 황국의 발자취에 대한 이해", "황국의 역사적 사명감의 자각"에 역점을 두었으며, "內鮮一體에서 유래하는 史實에 대해서는 특히 유의할 것"이라는 사항이 부과되어 <4차 교육령> 시기까지 이어졌다.

2) 일제강점기 <歷史>교과서와 교수 시수

일제강점기 초등교육과정에서 독립된 교과목과 교과서에 의한 본격적인 <歷史>교육은 내지(일본)와 동일한 6년제 학제가 적용되던 <2차 교육령>시기 5, 6학년과정에 「地理」와 함께 「國史(일본사)」교과목이 주당 2시간씩 배정되면서부터이다. 그러나 <3·1운동>의 여파로 내지연장주의로 급선회

한 탓에 교과서가 마련되지 않아, 잠시동안 문부성 편찬의
『尋常小學國史』上・下에 조선 관련부분은 보충교재(<표 2>
의 ① ②)로서 사용하였다. 그로부터 1년 후 조선아동을 위한
『普通學校國史』兒童用 上・下(1922)가 발간되면서 비로소 본
격적인 교과서에 의한 <歷史>교육의 시대로 접어들게 되었
고, 이후 교육법령 개정에 따라 <歷史>교과서도 개정 및 개
편의 과정을 거치게 된다. 이를 <표 2>로 정리해 보았다.

<표 2> 일제강점기 조선총독부 <歷史>교과서 편찬 사항

NO	교 과 서 명	발행 년도	분 량	사용 시기	비 고
①	尋常小學國史 上・下 尋常小學國史補充敎材 卷一	1920	38 (各王朝歷代表 8, 年表 4)	1920~ 1922 (1차 교육령기)	문부성 교재에 조선 관련사항 은 보충교재로 사용.
②	尋常小學國史補充敎材 卷二	1921	42 (李氏朝鮮歷代表 2, 年表 8)		
③	普通學校國史 兒童用 上	1922	179 (御歷代表4, 本文171, 年表4)	1931~ 1936 (2차 교육령기)	문부성 교재와 절충하여 새로 발간
	普通學校國史 兒童用 下	1922	175 (御歷代表4, 本文163, 年表8)		
④	普通學校國史 卷一	1932	169 (御歷代表4, 本文 161, 年表4)		1927년 개정된 <보통학교 규정> 반영
	普通學校國史 卷二	1933	148 (御歷代表4, 本文 136, 年表8)		
⑤	初等國史 卷一	1937	187 (御歷代表4, 삽화1. 本文178, 年表 4)	1937~ 1939 (과도기)	부분개정
	初等國史 卷二	1938	228 (御歷代表 4, 本文 208, 年表16)		
⑥	初等國史 第五學年	1940	227 (萬世一系(皇室御系圖)6, 삽 화1, 本文 204, み代のすがた 16)	1940~ 1941 (3차 교육령 반영)	전면개편
	初等國史 第六學年	1941	254 (萬世一系(皇室御系圖)6, 삽화 4, 本文 228, み代のすがた 16)		
⑦	初等國史 第五學年	1944	251 (萬世一系(皇室御系圖)6, 삽 화3, 本文 226, み代のすがた 16)	1944~ 1945 (4차 교육령 반영)	부분개정
	初等國史 第六學年	1944	318 (萬世一系(皇室御系圖)6, 삽 화4, 本文 288, み代のすがた 20)		

①, ②는 조선부분만 다룬 보충교재이며, ③은 문부성 편찬 『尋常小學國史』上·下에 ①, ②가 삽입된, 즉 일본역사를 주축으로 동 시대의 조선역사를 삽입하는 한일 대비방식이다. ④는 이후 <보통학교규정>(1927)을 반영하여 소폭 개정한 것이며, ⑤는 여기에 1930년대 중반 급변하는 시세를 반영하여 부분 개정된 교과서이다. 뒤이어 발간된 ⑥은 조선인의 황민화교육에 중점을 두고 <3차 조선교육령>을 반영한 전면 개편된 것이며, ⑦은 여기에 <국민학교령>과 <4차 교육령> 취지가 더하여 소폭 개정된 교과서이다.

이의 변화 과정을 구체적으로 살펴보면 구성면에서나 내용면에서 보더라도 전 조선인의 황민화를 위한 식민지교육정책의 일대 전환점이었던 <3차 조선교육령>의 공포(1938)를 기점으로 2시기로 대별된다. 이를 <歷史>교과서의 전면개편 차원에서 보면 ③에서 ⑤까지와, ⑥에서 ⑦까지로 구분할 수 있다. 전자를 전반기, 후자를 후반기로 하여, 먼저 전반기 교과서의 구성과 분량의 변화를 살펴보겠다.

전반기교과서는 각권 공히 첫 면에 역대표(御歷代表), 후면에 연표(年表)를 수록하고 있으며, 본문의 구성은 일본사에 조선사 삽입방식이라는 큰 틀을 유지하는 가운데, 개정 시기에 따라 단원의 이합, 단원명의 변화, 내용의 증감 등을 살펴볼 수 있다. 가장 주목되는 것은, ③에서는 각 단원 안에 포함되어 있던 조선사부분이 ④에서는 별도의 단원으로 책정되어 있는 점이다. <③-(5)-「3-日本武尊」>라는 단원에 작은 타이틀로 포함되어 있던 '朴赫居世王', <③-(6)-「44-松平定信」> 안에 포함되어 있던 '英祖と正朝'가, ④에서는 독자적인 단원,

즉 <④-(5)-「5-昔の朝鮮」>, <④-(5)-「45-英祖と正朝」>로
책정되어 있음이 그것이다. ③이 문부성 발간 교과서의 연대
에 맞추어 특정 조선사를 삽입한 것에 비해, ④는 쇼와초기
개정된 <보통학교규정>(1927)을 반영하는 이면의 유화제스
처로 볼 수도 있겠다. 그러나 그것도 ⑤에 이르면 일본역사로
만 일관하게 되며, 조선사는 그 안에서 한일관계사 정도로만
언급될 뿐이다.

단원명의 변화로는 ③의 45과 「本居宣長」와 ③의 46과 「高
山彦九郎と蒲生君平」가 ④에서는 「國學と尊王」으로, ⑤에서
는 「尊王論」으로 바뀌었으며, 또 ③의 50과 「武家政治の終」
은 ④와 ⑤에서는 「王政復古」로 바뀌었음을 알 수 있다.

분량의 증감 추이도 눈여겨볼 부분이다. 분량에 있어서는
주로 고대사에서 중세사까지를 다룬 5학년용은 그리 큰 변화
는 없지만, 6학년용의 경우 증감의 폭이 상당하다. ③이 163면
인 것에 비하여 ④가 136면이었던 것은 쇼와기 역사 7면을 추
가하였음에도 불구하고, 전체적인 내용이 축소되었음을 말해
준다. 그러나 ⑤에 이르면 208면으로 대폭 증가하게 되는데,
이는 일본근대사에 해당되는 단원 「메이지천황」과 「쇼와천황」
의 분량이 현저하게 증가한 까닭이다. 이러한 현상은 각권 후
면에 배치된 연표(年表)에서도 동일하게 나타난다. 연표의 분
량은 하권 기준으로 ③이 8면, ④가 조금 더 많은 8면, ⑤에
이르면 15면으로 대폭 증가된 면을 드러낸다. 메이지천황의
치적이 재조명되고, 다이쇼천황에 이어 쇼와천황의 치적이
대폭 늘어난 까닭이라 하겠다.

다음은 후반기 교과서의 구성과 분량 변화이다. 전체적으로

개편된 교과서인 만큼 ⑥과 ⑦은 그 구성부터가 이전과는 현격한 차이를 드러낸다.

이전에 비해 가장 큰 변화는 단원명이다. ③, ④, ⑤가 1과-만세일계 시조신인 「天照大神」, 2과-초대천황인 「神武天皇」…이었던 것이, ⑥, ⑦에서는 1과-「國がら」, 2과-「まつりごと」…로 이어지고 있으며, 또 각권의 목차 다음 면에 이전의 '역대표' 대신 '만세일계 천황가의 계보도'를, 후면에는 이전의 '연표(年表)'를 'み代のすがた'로 교체하여 역대천황의 치적을 보다 상세하게 열기하는 등 이전에 비해 획기적인 변화를 드러내고 있다.

⑥에서 ⑦로의 변화 또한 간과할 수 없다. ⑥에 없던 소단원이 ⑦에 등장한 것과, 교과서 분량이 ⑥이 432면인 것에 비해 ⑦이 514면으로 대폭 증가한 점이다. 이는 앞서 ③이 334면, ④가 216면, ⑤가 386면이었던 것과 비교해도 주목되는 부분이지만, 특히 ⑦의 발간 시기가 일본역사상 세계를 상대로 벌인 <태평양전쟁>에 조선아동의 동원을 위해 수업시수 감소와, 용지절약을 이유로 교과내용이 전체적으로 축소되던 시기임을 고려한다면, 실로 파격적인 현상이 아닐 수 없다.

기술방식의 변화도 간과할 수 없다. 먼저 문체의 변화를 보면, ③은 전체적으로 예스러운 문어체(~~あり、~~たり、~~けり 등)로, ④는 구어정중체(~~です、~~ます 등)를, ⑤는 현대적 문어체(~~である、~~でいる)로, ⑥과 ⑦은 다시 구어정중체(~~です、~~ます 등)로 문말처리하고 있음을 알 수 있다. 공히 역사적 사실을 기술하는 <歷史>교과서이기에, ③을 제외한 모든 교과서는 보편적으로 과

거시제를 사용하고 있었다. 다만 ⑦에서 현재(미래)시제 및 추측표현(~~でしょう、~~ましょう 등)을 혼용하고 있었는데, 이는 당시 진행 중에 있던 <태평양전쟁>에 대한 전황 예측과 이에 대한 피교육자들의 각오를 이끌어내기 위함으로 볼 수 있겠다.

인물 및 지명 등 용어표기의 변화도 주목할 부분이다. 인명의 변화로는 ③ ④에서는 일반적으로 통칭되는 인명만을 사용하고 있었던 것에 비해 ⑤에서는 실명을 앞에 명기하고 호(號)나 통칭하던 이름을 ( )안에 병기하는 방식으로 전환하였다. 옛 지명의 표기도 그렇다. 그 지명이 소재한 현(縣)을 ( ) 안에 병기함으로써 역사서에 등장하는 옛 지명이 소재한 지역을 쉽게 인지할 수 있게 하였다.

교과서의 가격은 <地理>교과서와 마찬가지로 시기에 따라 소폭의 상승세로 나아가다가 1944년 발간된 『初等國史』五・六學年用에서 대폭 인상된 면을 드러내고 있다. 이는 분량이 증가한 면도 있겠지만, 그보다는 태평양전쟁 막바지로 갈수록 심화되는 물자부족에 가장 큰 원인이 있었을 것으로 보인다.

이어서 주당 교수시수를 살펴보자.

<표 3> 각 교육령 시기별 주당 교수시수

시기 과목 \ 학년	제2차 조선교육령		제3차 조선교육령		국민학교령, 제4차 조선교육령		
	5학년	6학년	5학년	6학년	4학년	5학년	6학년
地理	2	2	2	2	1	2	2
歷史	2	2	2	2	1	2	2

앞서 언급하였듯이 식민지초등교육과정에서 <歷史>과목

은 <歷史>과와 더불어 1920년대 이후 공히 2시간씩 배정
시행되었다. 여기서 <4차 교육령>시기 4학년 과정에 별도
의 교과서도 없이 <地理> <歷史> 공히 수업시수가 1시간
씩 배정되어 있음을 주목할 필요가 있을 것이다. 이는 당시
조선총독 고이소 구니아키(小磯國昭)의 교육령 개정의 중점
이 "人才의 國家的 急需에 응하기 위한 受業年限 단축"1)에
있었기 때문일 것이다. 그것이 <교육에 관한 전시비상조치
령>(1943) 이후 각종 요강 및 규칙2)을 연달아 발포하여 초
등학생의 결전태세를 강화하는 조치로 이어졌으며, 마침내
학교수업을 1년간 정지시키고 학도대에 편입시키기는 등의
현상으로도 나타났다. 4학년 과정에 <歷史>과의 수업시수
를 배정하여 필수적 사항만을 습득하게 한 것은 이러한 까
닭으로 여겨진다.

3. 본서의 편제 및 특징

일제강점기 조선아동을 위한 <歷史>교과목은 1920년대 초
학제개편 이후부터 개설된 이래, <歷史>교육을 위한 교과서
는 앞서 <표 2>에서 살핀바와 같이 시세에 따른 교육법령과

---

1) 朝鮮總督府(1943) 「官報」 제4852호(1943.4.7)
2) <전시학도 체육훈련 실시요강>(1943.4), <학도전시동원체제확립요강>(1943.6),
   <해군특별지원병령>(1943.7), <교육에 관한 전시비상조치방책>(1943.10), <학
   도군사교육요강 및 학도동원 비상조치요강>(1944.3), <학도동원체제정비에 관
   한 훈령>(1944.4), <학도동원본부규정>(1944.4), <학도근로령>(1944.8), <학도
   근로령시행규칙>(1944.10), <긴급학도근로동원방책요강>(1945.1), <학도군사교
   육강화요강>(1945.2), <결전비상조치요강에 근거한 학도동원실시요강>(1945.3),
   <결전교육조치요강>(1945.3) 등

이의 시행규칙에 따라 '부분개정' 혹은 '전면개편'되었다. 앞의
〈표 2〉에 제시된 일제강점기 조선총독부 편찬 〈歷史〉교과서
중 ③『普通學校國史』上·下卷(1922, 2권), ④『普通學校國史』
卷一·二(1932-33, 2권), ⑥『初等國史』第五·六學年(1940-41,
2권), ⑦『初等國史』第五·六學年(1944, 2권) 등 8冊에 대한 원
문서 구축의 필연성이 요구되었다. 이는 여러 교과서중 가장
변화의 폭이 컸다는 점도 있었지만, 그보다는 ③은 조선아동
의 본격적인 〈歷史〉교육을 위해 처음 교과서로서 의미가 컸
으며, ④는 이후 조선에서의 갖가지 사회적 문제에 대한 방책
으로 교육규정을 전면 개정한 것이 반영된 교과서이기 때문
이다. 그리고 ⑥은 중일전쟁기에 발호된 〈3차 교육령〉의 강
력한 황민화정책이 그대로 반영되어 전면 개편된 교과서이
며, ⑦은 태평양전쟁기에 발호된 〈국민학교령〉과 〈4차교육
령〉이 반영된 일제강점기 마지막 〈歷史〉교과서였다는 점이
부각된 까닭이다.

<표 4> 조선총독부 편찬 〈歷史〉 교과서 원문의 편제

No	교과서명	권(학년)	간행년	출 판 서 명
③	普通學校國史 兒童用	上卷(5학년용)	1922	조선총독부 편찬 초등학교 〈歷史〉교과서 原文(上)
		下卷(6학년용)	1922	
④	普通學校國史	卷一(5학년용)	1932	
		卷二(6학년용)	1933	
⑥	初等國史	第五學年	1940	조선총독부 편찬 초등학교 〈歷史〉교과서 原文(中)
		第六學年	1941	
⑦	初等國史	第五學年	1944	조선총독부 편찬 초등학교 〈歷史〉교과서 原文(下)
		第六學年	1944	

끝으로 본서 발간의 의미와 특징을 간략하게 정리해 본다.

(1) 본서의 발간은 그동안 한국근대사 및 한국근대교육사에
서 배제되어 온 일제강점기 초등학교 교과서 복원작업
의 일환에서 진행된 또 하나의 성과이다.

(2) 일제강점기 식민지 아동용 <歷史>교과서를 일일이 찾
아내고 가장 큰 변화의 선상에 있는 <歷史>교과서의
원문을 복원함으로써 일제에 의한 한국 <歷史>교육의
실상을 누구나 쉽게 찾아볼 수 있게 하였다.

(3) 본서는 <歷史>교과서에 배치된 삽화 등 이미지자료의
복원에도 심혈을 기울였다. 오래되어 구분이 어려운 수
많은 이미지자료를 세심히 관찰하여 최대한 알아보기
쉽게 복원하였을 뿐만 아니라, 세로쓰기인 원문을 좌로
90°로 회전한 가로쓰기 편제이므로 원문내용을 고려하
여 최대한 삽화의 배치에도 심혈을 기울였다.

(4) 본서는 일제강점기 식민지 <歷史>교과서의 흐름과 변
용 과정을 파악함으로써, 일제에 의해 기획되고 추진되
었던 근대 한국 공교육의 실태와 지배국 중심적 논리에
대한 실증적인 자료로 제시할 수 있다.

(5) 본서는 <歷史>교과서에 수록된 내용을 통하여 한국 근
대초기 교육의 실상은 물론, 단절과 왜곡을 거듭하였던
한국근대사의 일부를 재정립할 수 있는 계기를 마련하
였고, 관련연구에 대한 이정표를 제시함으로써 다각적
인 학제적 접근을 용이하게 하였다.

(6) 본서는 그간 한국사회가 지녀왔던 문화적 한계의 극복
과, 나아가 한국학 연구의 지평을 넓히는데 일조할 것이
며, 일제강점기 한국 초등교육의 거세된 정체성을 재건

하는 데 기여할 수 있을 것이다.

본서는 개화기 통감부기 일제강점기로 이어지는 한국역사의 흐름 속에서 한국 근대교육의 실체는 물론이려니와, 일제에 의해 왜곡된 갖가지 논리에 대응하는 실증적인 자료를 제공함으로써 일제강점기 왜곡된 교육의 실체를 파악할 수 있음은 물론, 관련연구자들에게는 연구의 기반을 구축하였다고 자부하는 바이다.

이로써 그간 단절과 왜곡을 거듭하였던 한국근대사의 일부를 복원·재정립할 수 있는 논증적 자료로서의 가치창출과, 일제에 의해 강제된 근대 한국 초등학교 〈歷史〉교육에 대한 실상을 재조명할 수 있음은 물론, 한국학의 지평을 확장하는 데 크게 기여할 수 있으리라고 본다.

2017년 9월

전남대학교 일어일문학과 김순전

≪朝鮮總督府 編纂 초등학교 <歷史>교과서 編書 凡例≫

1. 원본의 세로쓰기를 편의상 좌로 90도 회전하여 가로쓰기로 하였다.

2. 원본의 상란은 좌란으로 하였다.

3. 원본의 반복첨자 기호는 가로쓰기인 관계로 반복표기 하였다.

4. 원문(原文)의 독음은 ( )안에 가나로 표기하였다.

5. 지명이 두 개인 경우나 두줄로 표기된 경우는 아래와 같이 표기

하였다.

예) 高麗(高句麗)=>高麗(こま/高句麗:かうくり)

第十
　　　=>　　　第十五代
五代

紀元二千二百六十三年(慶長八年)

=>紀元二千二百六十三年(慶長:けいちやう、八年)

6. 삽화는 최대한 교과서 체제에 맞추었으나 편집상 약간의 크기

변화가 있다.

7. 삽화제목은 가로쓰기에 맞추어 '우→좌'에서 '좌→우'로 바꾸었다.

朝鮮總督府 編纂 (1940)

「初等國史」

(第五學年)

初等國史 第五學年

朝鮮總督府

目録

插畫と地圖

　　國のはじめ(瓊瓊杵尊の天降り)

　　今の大和

　　橿原神宮

　　出雲大社

　　大本營(支那事變)

　　神のまもり(金色の鵄)

　　天皇陛下の御そなへもの(官弊大社朝鮮神宮の祭)

　　神のまもり(草薙劍と日本武尊)

　　皇大神宮(今上天皇の行幸)

　　皇大神宮

　　聖德太子

　　法隆寺

　　奈良の都…(地圖)

　　都のさかえ(奈良の都)

　　佛教のさかえ(東大寺)

　　舍人親王

　　卽位の禮(今上天皇)

　　桓武天皇

　　京都の都(一)…(地圖)

　　平安京

　　京都の都(二)…(地圖)

　　坂上田村麻呂

　　藤原鎌足のほまれ(天智天皇の行幸)

　　比叡山

　　高野山

　　鳳凰堂

　　國風のあらはれ(世の中の有樣)

　　鎌倉…(地圖)

　　鎌倉の八幡宮

　　富士の卷狩

　　武藝のはげみ

後鳥羽天皇

源頼朝

武士

神風(元寇)

敵國降伏(龜山上皇の御いのり)

後醍醐天皇

忠と孝(楠木正成と正行)

皇統のいはれ(北畠親房)

金閣

客のもてなし

京都の戰亂(應仁の亂)

勤王のまごころ(商人の勤王)

ヨーロツパ人のおとづれ

キリスト教

都入りのこゝろざし…(地圖)

安土の城

大阪の城

豐臣秀吉

みいつのかゞやき(天覽の馬揃へ)

德川家康

太平の世

京都のにぎはひ

江戸城のかまへ

後光明天皇

勤王のまごころ(竹內式部)

王政復古

一新の御ちかひ

明治天皇

皇威のかゞやき(太平洋御覽)

東京の都(明治天皇の東京御着)

外國とのまじはり(岩倉具視の出發)

世のうつりかはり(一)

世のうつりかはり(二)
帝國憲法の發布
帝國議會議事堂
靖國神社(今上天皇の行幸)
露もそむかじ(勅語の奉讀式)
擧國一致(身をすて家をわすれて)
擧國一致(銃後のいのり)
擧國一致(銃後のまもり)

豐葦原(とよあしはら)　千五百秋(ちいほあき)の瑞穂(み
づほ)の國(くに)は、是(こ)れ吾(あ)が子孫(うみのこ)の
王たるべき地(くに)なり。よろしく、爾皇孫(いましす
めみま)、就(ゆ)きて治(しら)せ。さきくませ。寶祚(あ
まつひつぎ)の隆(さか)えまさんこと、まさに天壤(あめ
つち)と窮(きはま)りなかるべし。

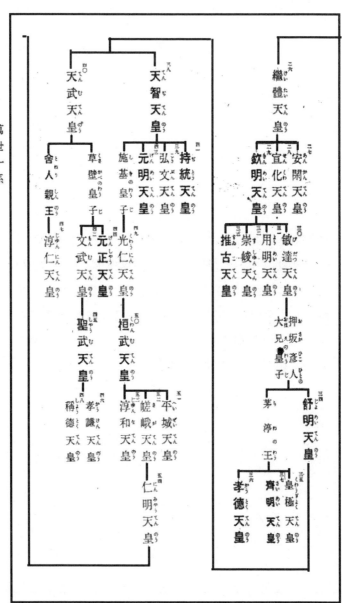

萬世一系

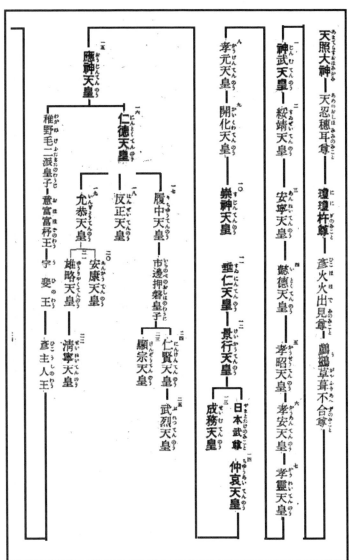

天照大神 ─ 天忍穗耳尊 ─ 瓊瓊杵尊 ─ 彦火火出見尊 ─ 鸕鶿草葺不合尊 ─

神武天皇 ─ 綏靖天皇 ─ 安寧天皇 ─ 懿德天皇 ─ 孝昭天皇 ─ 孝安天皇 ─ 孝靈天皇 ─

孝元天皇 ─ 開化天皇 ─ 崇神天皇 ─ 垂仁天皇 ─ 景行天皇 ─ 日本武尊 ─ 仲哀天皇 ─ 成務天皇

應神天皇 ─ 仁德天皇 ─

履中天皇 ─ 市邊押磐皇子 ─ 仁賢天皇 ─ 武烈天皇
顯宗天皇

反正天皇

允恭天皇 ─ 安康天皇
雄略天皇 ─ 清寧天皇

稚野毛二派皇子 ─ 意富富杼王 ─ 宇斐王 ─ 彦主人王

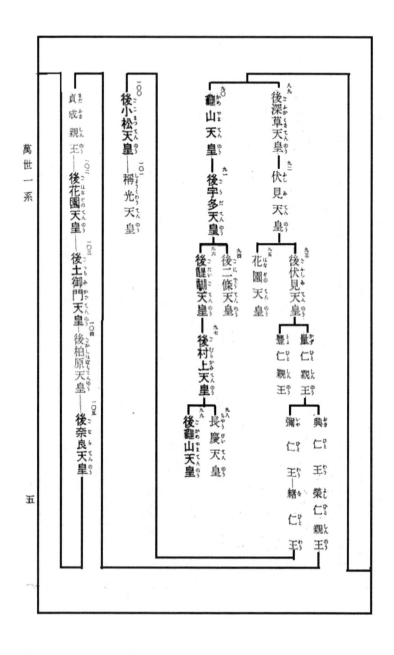

萬世一系

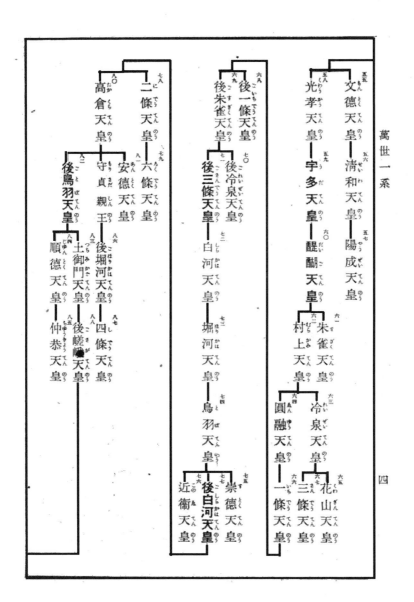

四

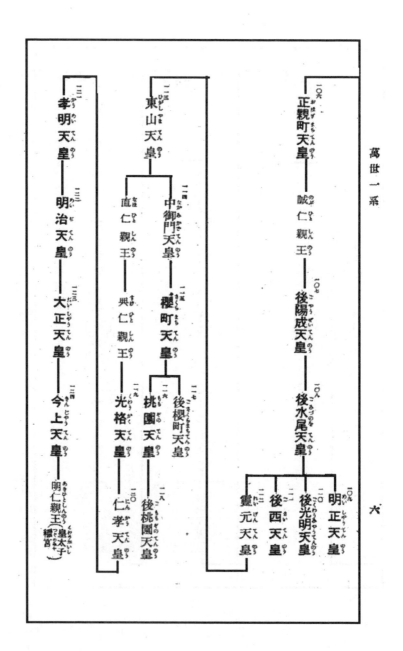

萬世一系

六

國のはじめ(瓊瓊杵尊の天降り)

初等國史 第五學年

第一 國がら

わが大日本帝國は、天皇陛下がお治めになる國であります。天皇陛下は、國民をわが子とおぼしめして、深く御いつくしみになります。國民は、天皇陛下をみ親としておしたひ申しあげ、心をあはせてめいめいの仕事にはげみ、ひたすら忠義をつくしてゐます。このやうにりつぱな國がらでありますから、國の勢が日に月にさかえてゆきます。

わが大日本帝國は、世界中の人々が、みな一家(いつか)のものと同じに親しみ、いつもしあはせにくらせるやうにしなければならないと考へて、世界の國々をみちびくことに力をつくしてゐます。そこで、私ども國民の一ばん大切なつとめは、わが國の目ざしてゐるところをなしとげて、み國がますますさかえるやうにすることであります。私どもは、りつぱにこのつとめをはたすことのできる心がまへをきたへあげなければなりません。

私どもが、これから國史を學ぶのは、まづ、わが大日本帝國のりつぱな國がらができ上つたいはれを知り、わが國もちまへのすぐれたところを、はつきりとわきまへるためであります。さらに進んでは、このすぐれたもちまへがあらはれて、み國のさかえて來たすがたを知り、わ

つとめの大切なわけ 國民としての心がまへ	が國の目ざしてゐるところをなしとげなければならないわけをわきまへ、私どものつとめが大切であることをさとつて、國民としてのりつぱな心がまへをかためるのであります。

第二 國のはじめ

國のもとゐ
神々のおひ
らきになつ
た國
高天原

わが國は、神々のおひらきになつた國であります。神代(かみよ)の昔、高天原(たかまのはら)に伊弉諾尊(いざなぎのみこと)・伊弉冉尊(いざなみのみこと)と申しあげる神々がいらつしやいました。この二(ふた)はしらの神が、わが國をお生みになりました。海も、川も、山も、木も、草も、この神々がお生みになりました。さうして、天照大神(あまてらすおほみかみ)と申しあげる尊い神をお生みになつて、お治めさせになりました。 天照大神は、天皇陛下の御先祖(ごせんぞ)であらせられ、高天原にいらつしやいました。御德(おんとく)がたいそう高く、太陽(たいやう)のやうに、あまねく世の中をおてらしになりました。それで、日の神と申しあげます。このやうにして、わが國のもとゐができました。

國生み
天照大神

天皇陛下の
御先祖

日の神

天照大神
(あまてら
すおほみか
み)のおぼ
しめし
　天照大神の
　おぼしめし
　瓊瓊杵尊

天照大神(あまてらすおほみかみ)は、たいそう御いつくしみ深く、人々が、みな安らかにくらせるやうにしたいと、おぼしめされました。さうして、御孫の瓊瓊杵尊(ににぎのみこと)をわが國にお降(くだ)しになりました。その時、

天照大神の
おほせ

豊葦原(とよあしはら)の千五百秋(ちいほあき)の瑞穗(みづほ)の國(くに)は、是(こ)れ吾(あ)が子孫(うみのこ)の王(きみ)たるべき地(くに)なり。よろしく、爾皇孫(いましすめみま)、就(ゆ)きて治(し

	ら)せ。さきくませ。寶祚(あまつひつぎ)の隆(さか)えまさんこと、まさに天壤(あめつち)と窮(きはま)りなかるべし。
豊葦原の千五百秋の瑞穗の國あまつひつぎ	と、おほせになりました。「豊葦原の千五百秋の瑞穗の國」とは、穀物(こくもつ)がよくみのる國といふわけで、わが國をおほめになつたことばであります。「あまつひつぎ」とは、日の神の御あとつぎといふことで、天皇のみ位をおよびになつたことばであります。それ故、これは、「瑞穗の國は、わが子孫が君となつて治める所である。天皇のみ位は、天地のきはまりないのと同じに、かぎりなくさかえるぞ。」と、おほせられたのであります。これで、
わが國體	わが國體(こくたい)がはつきりと定まつて、おほせのとほりに、いつの代にもかはりなく、臣民(しんみん)は、
萬世一系の天皇	みな萬世一系(ばんせいいつけい)の天皇をいたゞいて忠義をつくしてゐます。さうして、この國體が、わが大日
國がらの本	本帝國のりつぱな國がらの本(もと)になつてゐます。
皇位(くわうゐ)のみしるし	天照大神(あまてらすおほみかみ)は、瓊瓊杵尊(ににぎのみこと)に八咫鏡(やたのかゞみ)と八坂瓊曲玉(やさかにのまがたま)と天叢雲劍(あめのむらくものつるぎ)とをお授けになりました。この三つの寶物(たからもの)を三種(さ
三種の神器のいはれ	んしゆ)の神器(じんぎ)と申しあげ、御代々の天皇が、皇位(くわうゐ)のみしるしとしておうけつぎになります。三種の神器には、いづれも尊いいはれがあります。天照

八咫鏡と八坂瓊曲玉	大神の御弟に素戔嗚尊(すさのをのみこと)と申しあげる神がいらつしやいました。たびたびあらあらしい事をなさいましたので、天照大神は、とうとう天岩屋(あめのいはや)におはいりになりました。この時、神々が集つておはかりになり、八咫鏡と八坂瓊曲玉とをつくつて、榊(さかき)の枝にかけ、天岩屋の前に立てて神樂(かぐら)をもよほし、天照大神のお出ましをいたゞくことができました。さうして、素戔嗚尊は、あらあらしい事をなさつたおとがめで、神々におはれて、高天原(たかまのはら)から今の朝鮮地方にお降りになりましたが、やがて、今の島根縣(しまねけん)にお渡りになつて、人々を苦しめてゐた八岐大蛇(やまたのをろち)をお平げになりました。その時、大蛇の尾から天叢雲劍があらはれ出ましたから、天照大神にたてまつられました。
天叢雲劍	
天照大神(あまてらすおほみかみ)の御めぐみ 稲穂のめぐみ 農業のさかえ	天照大神(あまてらすおほみかみ)は、また、御みづからおつくりになつてゐる稲穂(いなほ)を瓊瓊杵尊(ににぎのみこと)にお授けになりました。りつぱな稲穂をわが國にひろめて農業(のうげふ)を進め、人民に御めぐみをたれさせられようとのおぼしめしであります。このありがたいおぼしめしのとほりに、わが國の農業がさかえ、また、いろいろの産業(さんげふ)もおこつて、世の中がひらけました。
瓊瓊杵尊(ににぎのみこと)の天降(あまくだ)り 日向	瓊瓊杵尊(ににぎのみこと)は、天照大神(あまてらすおほみかみ)のおほせをおうけになつて、高天原(たかまのはら)から日向(ひうが/九州地方:きうしうちはうの南部)に

天照大神の おぼしめし	お降(くだ)りになりました。さうして、天照大神のおぼしめしをわが國にひろめてゆくもとゐをおひらきになりました。  今の大和 神武天皇(じんむてんのう)は、瓊瓊杵尊(ににぎのみこと)から御四代(おんよだい)めにあたらせられます。天照大神(あまてらすおほみかみ)や瓊瓊杵尊のおぼしめしをますますひろめたいとお考へになりました。そこで、日向(ひうが)から大和(やまと/奈良縣:ならけん)におうつりになりました。大和は、國中のまん中にあたり、山や川の景色がよく、四季(しき)のながめも美しいので、たいそうお氣にめし、まづこの地方に都(みやこ)をさだめて、しだいに御めぐみをひろめ、人民がみな親しみあつて、一家と同じやうにむつましくくらせるやうにしたいとおぼしめされました。
神武天皇 (じんむて んのう)の おぼしめし 天照大神瓊 瓊杵尊のお ぼしめし 大和 都さだめ 一家の親し み	

橿原神宮

そこで、天皇は、畝傍山(うねびやま)の東南にあたる橿原(かしはら)に都をおきめになりました。今、天皇をおまつり申しあげた橿原神宮(かしはらじんぐう)のある所であります。こゝで、天皇のみ位におつきあそばされ、わが國のもとゐをますますおかためになりました。今上天皇(きんじやうてんのう)は、神武天皇から第百二十四代めの天皇であらせられます。さうして、紀元節(きげんせつ)は、神武天皇の即位(そくゐ)を記念(きねん)してお祝ひ申しあげる、めでたい日であります。

橿原の都

天皇のみ位
今上天皇

紀元節

第三　ことむけ

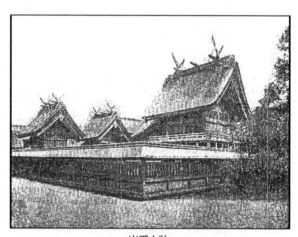

出雲大社

天照大神(あまてらすおほみかみ)の御ことむけ

大國主命の勢

使の神のことむけ

大國主命のまごころ

天照大神(あまてらすおほみかみ)が、瓊瓊杵尊(ににぎのみこと)をお降(くだ)しになる前には、多くの神神が、わが國の各地を思ひ思ひにお治めになつてゐました。中でも、今の島根縣(しまねけん)の地方においでになつた大國主命(おほくにぬしのみこと)は、勢がたいそうさかんでした。素戔鳴尊(すさのをのみこと)の御子であらせられます。御いつくしみ深く、人々がよくなつきましたので、御めぐみがひろくゆきわたつてゐました。天照大神は、使の神をお降しになつて、各地の神々を御ことむけさせになりました。使の神は、まづ大國主命に、天照大神が御子孫をお降しにならうとするおぼしめしをお傳へになりました。すると、大國主命は、お治めになつてゐた地方を天照大神にたてまつり、まごころをつくしてお

つかへ申すことをおちかひになりました。使の神は、さらに、したがはないものをうち平げて、おかへりになりました。出雲大社(いづものおほやしろ)は天照大神が、大國主命の忠義をおほめになつておつくらせになつた社であります。

神武天皇(じんむてんのう)が、大和(やまと)におうつりあそばした時には、御みづから、み軍(いくさ)をひきゐてお進みになり、天照大神(あまてらすおほみかみ)の御ことむけと同じやうに、したがふものをいつくしみ、てむかふものをうちしりぞけて大和に入り、わるものをすつかり平げて、この地方をおしづめになりました。その時、大和で勢のさかんであつた饒速日命(にぎはやひのみこと)は、天皇が天照大神の御子孫であらせられることを知ると、すぐにわるもののかしらを平げて御ゆるしをいたゞき、まごころをつくして天皇におつかへ申しあげました。

出雲大社

神武天皇
(じんむて
んのう)の
御ことむけ
み軍の進み
大和のおし
づめ

饒速日命の
まごころ

大本營(支那事變)

みいつのか がやき 　御代々の天 皇の御こと むけ 日本武尊 熊襲と蝦夷 支那事變	これから、御代々の天皇が、つぎつぎに御ことむけを行はせられましたので、みいつはかゞやき、御めぐみがひろまつてゆきました。天皇が、御みづからみ軍(いくさ)をひきゐてお出ましになつたことも、皇子をはじめ皇族方が、難儀をしのんで、お出かけになつたことも、たびたびありました。中でも第十二代景行天皇(けいかうてんのう)のみ代に、皇子の日本武尊(やまとたけのみこと)は、西は九州地方(きうしうちはう)の熊襲(くまそ)をうち平げ、東は遠く關東地方(くわんとうちはう)や奧羽地方(あううちはう)の蝦夷(えぞ)をうちしたがへられました。天皇のおぼしめしは、昔も今もかはりなく、昭和十二年の七月に支那事變(しなじへん)がおこつてから、おそれ多くも、今上天皇(きんじやうてんのう)は、宮中(きゆうちゆう)の大本營(だいほんえい)で、日夜(にちや)親しくみ軍の御さしづをあそばし、また、皇族方がつぎつぎに戰爭にお出ましになりました。み軍は、てむかふものをうち平げ、したがふものをいつくしみ、ひたすら東洋の平和(へいわ)をうちたてることにつとめてゐます。

第四　まつりごと

まつりごと

天照大神(あまてらすおほみかみ)は、八咫鏡(やたのかゞ
み)を瓊瓊杵尊(ににぎのみこと)にお授けになる時、「こ
の鏡は、わがみ魂(たま)として、われをまつると同じに
おまつりせよ。」と、おほせになりました。天照大神のお

み鏡のまつ
り

ぼしめしをおひろめになるのには、いつも、み前におつ
かへ申すのと同じに、み鏡をおまつり申しあげるやう

神々のまつ
り

に、御さとしあらせられたのであります。また、瓊瓊杵
尊の御ともをしてわが國にお降(くだ)りになる神々に
は、つねに高天原(たかまのはら)の神々をまつつて、瓊
瓊杵尊におつかへ申しあげるやうに御さとしになりまし
た。それで、天皇におつかへ申すものが、天照大神のお

まつりごと

ぼしめしをひろめてゆくことをまつりごとと申します。
御代々の天皇は、いつも天照大神をおまつりあそばし
て、み心を一すぢにうけつがせられ、ひたすらおぼしめ
しにかなふやうにと、大み心をくだかせられて、御みづ
からまつりごとをおすべになりました。み代のはじめに
行はせられる大嘗祭(だいじやうさい)や、年のはじめの
祈年祭(きねんさい)、秋の神嘗祭(かんなめさい)・新嘗祭
(にひなめさい)などのおまつりには、昔も今もかはりな

まつりごと
のおぼしめ
し

い、まつりごとのおぼしめしが拜されます。また、御
代々の天皇は、まつりごとがゆきとゞくやうに、いろい

役目のうつ
りかはり

ろと新しいきまりをおたてになりましたので、天皇にお
つかへ申してまつりごとを行ふ役目にうつりかはりがあり

まつりごと のすがた	ました。それにつれて、まつりごとのすがたは、つぎつぎにかはつてゆきました。
神武天皇 (じんむて んのう)の まつりごと 神々のまつ り 齋部氏と中 臣氏 物部氏と大 伴氏 子孫代々役 目のうけつ ぎ 皇室の御め ぐみ 大和の都	神武天皇(じんむてんのう)は、み位につかせられる時、まづ神々をおまつりになり、神器(じんぎ)をいただいて御儀式(おんぎしき)をあげさせられました。さうして、つねに神々をおまつりになつてわが國を治め、天照大神(あまてらすおほみかみ)のおぼしめしをおひろめ下さいました。神々のおまつりには、齋部氏(いむべうぢ)の先祖(せんぞ)と中臣氏(なかとみうぢ)の先祖とを、み軍(いくさ)のおさしづや御すまひのおまもりには、物部氏(もののべうぢ)の先祖と大伴氏(おほともうぢ)の先祖とをおとりたてになつて、まつりごとをたすけさせられました。また、まつりごとが國中にゆきとゞくやうに、各地で勢のあるものを役人にとりたてて、その地方を治めさせられました。いづれも、子孫代々同じ役目をおうけつがせになりました。
	神武天皇(じんむてんのう)から景行天皇(けいかうてんのう)のみ代まで、都(みやこ)はいつも大和(やまと)の地方にありました。さうして、御代々の天皇は、新にみいつのかゞやきわたつた地方に、つぎつぎに皇族方をつかはし、子孫代々うけついで、その地方を治めさせられました。
農業のすゝ め 成務天皇の おぼしめし	また、堤(つゝみ)をきづいて池やみぞを造らせたり、田や畠を開かせたりして、農業(のうげふ)をおすゝめになりましたので、穀物(こくもつ)がよくとれて、國民のくらしがだんだんゆたかになり、世の中がひらけてゆきました。第十三代成務天皇(せいむてんのう)は、まつり

ごとが、いつそうよくゆきとゞくやうにしたいとおぼし
めし、都をゆききの便利な琵琶湖(びはこ)のほとりにお
さだめになり、國中の山や川の有様をしらべ、各地方の
さかひをおきめになりました。このやうにして、皇室の
御めぐみが、東は今の奥羽地方(あううちはう)の南部か
ら、西は九州地方(きうしうちはう)のはてまでもゆきわ
たり、國中がよく治りました。

今では、天皇陛下のおとりたてになつた大臣をはじめ、
多くの役人が、定まつた受持のとほりに、まつりごとを
行つてゐます。各地方にも、それぞれ天皇陛下の御命令
をいただいた役人がゐます。一億(いちおく)の國民は、
みな心をあはせて、忠義をつくしてゐますから、國のす
みずみまで皇室の御めぐみがひろまり、北は樺太(からふ
と)から南は臺灣(たいわん)・南洋群島(なんやうぐんた
う)、西は朝鮮までも、たいそうひらけてゐます。その
上、満洲(まんしう)から蒙古(もうこ)・支那(しな)まで
も、みいつがかゞやきわたり、しだいに一家と同じやう
に親しくなつてゆきます。

都のうごき

地方のさか
ひ
皇室の御め
ぐみ

今のまつり
ごと
　大臣をはじ
め役人の受
持
　各地方の役
人
　國民の忠義

一家の親し
み

第五　神のまもり

天照大神(あまてらすおほみかみ)を御はじめとして、多くの神々は、いつもわが國を御まもり下さいます。御代々の天皇は、つねに神々を御うやまひになり、ねんごろに御まつり申しあげられました。神武天皇(じんむてんのう)が大和(やまと)を御ことむけになる時にも、神々をおまつりして、いろいろと、御まもりをうけさせられました。けはしい山道に御なやみの時には、天照大神のお降(くだ)しになつた八咫烏(やたがらす)が、御みちびき申しあげました。また、金色(きんいろ)の鵄(とび)があらはれて御弓にとまり、まばゆいばかりの光をはなつたので、たちまち、わるものどもの平いだこともありました。金色の鵄は、このやうなめでたいいはれがあるので、てがらのあつた軍人にたまはる金鵄勳章(きんしくんしやう)のしるしになつてゐます。天皇は、み位におつきになつてから、御先祖(ごせんぞ)の神々をまつらせられ、御まもりによつて國中がしづまつたことをおつげになりました。また、第十代崇神天皇(すじんてんのう)は、み代のはじめに、たいそうわるい病がはやりましたので、神社のきまりをお定めになつて、神々をおまつりになりました。すると、神々の御まもりによつて、わるい病はやんで國中がよく治り、まつりごとがゆきとゞいて、皇室の御めぐみがひろまりました。

神のまもり

神武天皇の
御ことむけ
と神のまも
り

八咫烏

金色の鵄

御先祖のま
つり

崇神天皇の
まつりごと
と神のまも
り
神社のきま
り
皇室の御め
ぐみ

神のまもり(金色の鵄)

天皇陛下の御そなへもの(宮幣大社朝鮮神宮の祭)

官幣社や國幣社の祭

今、天皇陛下が、官幣社(くわんへいしや)や國幣社(こくへいしや)の祭に使をおつかはしになつて、いろいろの物をそなへさせられるのは、神々の御まもりによつて、み國が安らかに治り、私ども國民が御めぐみをいたゞいてゐるからであります。

天照大神(あまてらすおほみかみ)の御まつり

神宮のおこり

崇神天皇(すじんてんのう)のみ代まで、御代々の天皇は、三種(さんしゆ)の神器(じんぎ)を宮中(きゆうちゆう)におまつりになり、八咫鏡(やたのかゞみ)を天照大神(あまてらすおほみかみ)のみ魂(たま)として、親しくおつかへ申しあげられました。崇神天皇は、別に神宮(じんぐう)をつくらせられ、こゝに八咫鏡と天叢雲劔(あめのむらくものつるぎ)とをおうつしになつて、天照大神をおまつり申しあげ、皇女(くわうぢよ)の御一方(おんひとかた)におほせつけて、つねにみ前につかへさせられました。

皇大神宮	やがて、第十一代垂仁天皇(すゐにんてんのう)は、伊勢(いせ/三重縣:みへけん)の神路山(かみぢやま)のふもと、五十鈴川(いすゞがは)の清い流に近く、皇大神宮(くわうだいじんぐう)をたてて、さらにおうつし申しあげ、皇女の倭姫命(やまとひめのみこと)をつかへさせられました。崇神天皇は、また、み鏡とみ劍とのうつしをおつくらせになり、八坂瓊曲玉(やさかにのまがたま)と共に、宮中にまつらせられました。御代々の天皇は、おうけつぎになつて、御まもりのみしるしになさいました。今の宮城(きゆうじやう)の賢所(かしこどころ)には、このみ鏡をおまつり申しあげてあります。
賢所	

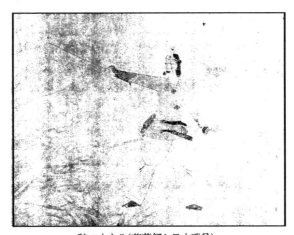

神のまもり(草薙劍と日本武尊)

熱田神宮(あつたじんぐう)	はじめ、天叢雲劍(あめのむらくものつるぎ)も、皇大神宮(くわうだいじんぐう)におまつりしてありましたが、今は熱田神宮(あつたじんぐう)におまつりしてゐます。

日本武尊の御ことむけとみ劒	日本武尊(やまとたけのみこと)が、蝦夷(えぞ)の御ことむけにお出ましの時、皇大神宮ををがみ、御叔母(おんをば)の倭姫命(やまとひめのみこと)においとまごひをなさつて、御まもりとして、み劒をおうけになりました。さうして、今の靜岡縣(しづをかけん)で、あやふくわるものつけた野火(のび)にとりかこまれようとなさいましたが、幸にみ劒で草をなぎはらひ、向火(むかひび)をつけておさけになりました。それから、み劒を草薙劒(くさなぎのつるぎ)とも申しあげます。日本武尊は、さらに進んで、神の御まもりと天皇のみいつとによつて蝦夷を平げられ、おかへりの時、み劒を熱田(あつた/名古屋市:なごやし)におとゞめになりましたので、熱田神宮ができました。
草薙劒	

皇大神宮(今上天皇の行幸)

皇大神宮 (くわうだ いじんぐ う) 天皇の御う やまひ 大事のおつ げ 御建物のお 造りかへ	皇大神宮(くわうだいじんぐう)は、八咫鏡(やたのかゞみ)をみ靈代(たましろ)として、天照大神(あまてらすおほみかみ)をおまつり申しあげた神宮で、宇治山田市(うぢやまだし)にあります。天照大神は、天皇陛下の御先祖(ごせんぞ)であらせられ、わが國のもとゐをおひらきになり、いつもわが國を御まもり下さいますから、上下みな皇大神宮を御うやまひ申しあげます。御代々の天皇は、毎年おもだつたお祭には、勅使をおつかはしになつていろいろの物をおそなへになり、皇室やみ國に大事(だいじ)のあつた時には、かならずその御事をおつげになつて、御まもりに御禮を申しあげられます。また、二十年ごとに、御建物を昔ながらのすがたで新しく造りかへさせられる定めになつてゐます。

皇大神宮

國民の御うやまひ 大麻のおまつりとおまゐり	今上天皇(きんじやうてんのう)は、昭和三年には、親しく行幸あらせられて、み位をおつぎあそばした御むねをおつげになり、翌年には、お定めによつて、御建物をお造りかへになりました。國民も、昔から深く皇大神宮を御うやまひ申しあげ、大麻(たいま)をいたゞいて、めいめいの家におまつりして、御まもりに御禮を申し上げ、遠くに住んでゐるものでも、一生のうちに、せめて一度はおまゐりをしたいと、ねがはないものはありません。

第六　世のすゝみ

昔、朝鮮地方には三韓(みつのからくに)とよばれた、高麗(こま)と百濟(くだら)と新羅(しらぎ)とがありました。神功皇后(じんぐうくわうごう)の御ことむけで、みなみいつになびきました。神功皇后は、第十四代仲哀天皇(ちゆうあいてんのう)の皇后であらせられます。天皇と御一しよに、九州地方(きうしうちはう)にお出ましになつた時に、天照大神(あまてらすおほみかみ)のおぼしめしを傳へた住吉(すみのえ)の神(かみ)の御つげをおうけあそばしました。「神々をおまつりになりさへすれば、戰をなさるまでもなく、金銀や寶物(たからもの)のゆたかな新羅(しらぎ)の國が、かならずしたがつてまゐります。」といふおことばであります。仲哀天皇がおかくれになりましたので、神功皇后は、山や海の神々をおまつりになり、御みづから軍(いくさ)をひきつれ、み船のへさきには住吉の神のみ靈(たま)をまつり、今の唐津(からつ/佐賀縣:さがけん)のあたりから船出して、新羅(しらぎ)を目ざしてお進みになりました。み船が着くと、新羅の王は、すぐにつゝしんでお迎へ申しあげました。さうして、毎年みつぎものを朝廷にたてまつることをかたくちかひました。そこで、皇后は、住吉の神を新羅のまもり神と定め、その國の都(みやこ)におまつりして、み軍をひきあげさせられました。つゞいて、百濟(くだら)も、高麗(こま)も、朝廷にしたがひ、みつぎものをたてまつつてゆききをするやうになりました。

海外のまつりごと 御代々の天皇の大み心 海外とゆききに便利な都	高麗(こま)・百濟(くだら)・新羅(しらぎ)がみいつになびくと、朝廷では、いろいろお世話をなさいました。さうして御代々の天皇は、いつも朝鮮地方がおだやかに治るやうにと、深く大み心をかけさせられ、國々が勢をあらそつて戰爭のおこつた時には、すぐ將軍をつかはして、おしづめさせになりました。第十五代應神天皇(おうじんてんのう)や第十六代仁德天皇(にんとくてんのう)が、今の大阪市(おほさかし)に都(みやこ)をおつくりになつたのも、海外とのゆききに便利なところをおえらびあそばしたためであります。
應神天皇(おうじんてんのう)のおぼしめし 支那の進んだ學問や産業 應神天皇のおぼしめし わけへだてない御いつくしみ	この頃、朝鮮地方には、支那(しな)の進んだ學問や産業(さんげふ)が傳はつてゐました。應神天皇(おうじんてんのう)は、これをわが國にもおとり入れになりたいと、おぼしめされました。朝鮮から學者を召しよせて、支那の學問をお傳へさせになつたり、支那や朝鮮から機織(はたおり)や鍛冶(かぢ)にたくみなものをお招きになつたりなさいました。朝鮮や支那から渡つて來た人々は、わけへだてない御いつくしみをいたゞいて、仕事にはげみました。ひきつゞき、御代々の天皇は、應神天皇のおぼしめしをおうけつぎになりました。
世のすゝみ 漢字と養蠶 今日のならはしのもとゐ	支那(しな)の學問や産業(さんげふ)が傳はると、漢字(かんじ)を使ふことがひろまり、また、養蠶(やうさん)がおこつて絹織物(きぬおりもの)が用ひられ、身なりや家の樣子などもかはつて、世の中がたいそうひらけ、今日(こんにち)の私どものならはしのもとゐがひらけて來ました。

佛教	その上、第二十九代欽明天皇(きんめいてんのう)のみ代には、百濟(くだら)から佛教(ぶつけう)も傳はりました。この教は、二千四百年ほど前に、インドでシヤカがはじめました。支那に傳はつて、お經(きやう)が漢文(かんぶん)でつくりかへられ、支那の學問などと一しよに方々へひろまり、高麗(こま)にも、百濟にも、新羅(しらぎ)にも、傳はつてゐました。佛(ほとけ)ををがめば國がさかえると、信ぜられてゐたので、百濟の王が佛像(ぶつざう)や經などを朝廷にたてまつりました。今からおよそ千四百年ほど前のことであります。天皇は、佛ををがむか、をがまないかについて、朝廷につかへてゐる、おもな人々におはかりになりました。大連(おほむらじ)の物部氏(もののべうぢ)は、わが國では、いつも神々をまつりしてゐるから、佛ををがむと、神々のおいかりをかうむると考へ、大臣(おほおみ)の蘇我氏(そがうぢ)は、隣の國々がみなをがんでゐるのに、わが國だけがをがまないのはよくないと考へました。これから、物部氏と蘇我氏とは、佛教をとり入れることについて、あらそひをおこしました。やがて、物部氏がおとろへて、蘇我氏がさかんになると、佛教がだんだんひろまりました。このやうにして、世の中もますますすゝみました。

第七　改新(かいしん)のもとゐ

欽明天皇(きんめいてんのう)の御孫の聖德太子(しやうとくたいし)は、生まれつき御賢く、その上、ひろく支那(しな)の學問をおまなびになり、たいそう進んだお考をおもちでした。御叔母(おんをば)の第三十三代推古天皇(すゐこてんのう)のみ代に、皇太子(くわうたいし)として、まつりごとを行はせられました。太子は、わが國もちまへのすぐれた精神をもとゐにして、ますます支那の學問やきまりのすぐれたところをとり入れ、世のすゝみにかなつた新しいきまりをたてて、國中にまつりごとがゆきとゞ

聖德太子

くやうにしなげればならないと、おぼしめしになりました。

そこで、聖德太子(しやうとくたいし)は、まつりごとのすがたを改めて、新しいきまりをおたてはじめになりました。これまで、朝廷につかへるものは、家すぢによつて、仕事がきまつてゐました。これを改めて、新しく位

聖德太子
(しやうとくたいし)
のおぼしめし
　進んだお考

わが國もちまへの精神

支那のすぐれたところ

新しいきまり

改新(かいしん)のもとゐ

すぐれた人人のおとりたて	のきまりをたて、すぐれた人々をおとりたてになる道をおひらきになりました。また、勢の強いものが、廣い土地を勝手に自分のものにしたり、多くの人民を召使つたり、朝廷でまつりごとを行ふ大臣(おほおみ)や大連(おほむらじ)が勢をあらそつたりする、わるい風(ふう)がおこつてゐました。これを改めさせるために、憲法(けんぱふ)といふきまりをおつくりになり、朝廷につかへるものは、はつきりと君臣(くんしん)の分(ぶん)をわきまへ、佛(ほとけ)をうやまひ、わがままをいましめ、おたがひに仲をよくして、めいめいのつとめにはげまなければならないことを御さとしになりました。
憲法の御さとし	
神(かみ)の道(みち)と佛(ほとけ)の法(のり) 聖德太子と神のまつり 聖德太子と佛の教 法隆寺 國がらにあつた佛教	聖德太子(しやうとくたいし)は、たいそう神を御うやまひになり、人々をいましめて、神のまつりをおこたらないやうにさせ、まごころこめて神ををがむやうに、おすゝめになりました。また、深く佛(ほとけ)の教を信じ、御みづからよくわが國がらにあふやうにお説きになり、多くの寺を建て、佛像(ぶつざう)を造らせて、おひろめになりました。奈良縣(ならけん)にある名高い法隆寺(ほふりゆうじ)は、聖德太子のおひらきになつた寺で、その頃の様子をよく傳へ、りつぱな佛像なども、昔のまゝにのこつてゐて、世界の寶であります。佛教(ぶつけう)は、聖德太子のありがたいおぼしめしで、わが國がらにあつた教になるもとゐがひらかれ、神(かみ)の道(みち)につづけて佛(ほとけ)の法(のり)とよばれ、皇室の御めぐみと共に、ますますひろまりました。

卽位の禮(今上天皇)

法 隆 寺

支那(しな)
とのまじは
り
　まじはりの
　はじめ
　隋とのゆき
　き

聖德太子(しやうとくたいし)は、また、はじめてわが國
と支那(しな)とのまじはりをおひらきになりました。今
から千三百三十年あまり前のことで、支那では隋(ずゐ)
といふ國がさかんな時でした。使のゆききだけでなく、
人をつかはして、學問をまなばせたり、政治(せいぢ)の
有樣をしらべさせたりなさいました。改新(かいしん)の
もとゐをおかためになるためであります。やがて、聖德
太子は、み位につかせられないでおかくれになりまし
た。支那では、隋がほろびて唐(たう)がおこりました。
そこで、第三十四代舒明天皇(じよめいてんのう)は、唐

唐とのまじ
はり

とまじはりをおひらきになりました。

第八　改新(かいしん)のまつりごと

聖徳太子(しやうとくたいし)がもとゐをおひらきになつた改新(かいしん)のまつりごとは、第三十八代天智天皇(てんぢてんのう)がおしとげになりました。天皇は、舒明天皇(じよめいてんのう)の御子であらせられます。聖徳太子の御こゝろざしをおうけつぎになつて、朝廷を中心にして天皇の御めぐみをひろめてゆくまつりごとのもとゐを、かためなければならないと、おぼしめしになりました。やがて、第三十六代孝徳天皇(かうとくてんのう)と第三十七代齊明天皇(さいめいてんのう)との御二代にわたつて、皇太子(くわうたいし)として、まつりごとを行はせられました。さうして、思ひきつて、これまでのきまりをお改めになり、み位をおつぎになつてからは、ますます新しいまつりごとをとゝのへられました。およそ千三百年前のことで、大化(たいくわ)の改新(かいしん)と申します。大化は、孝徳天皇のみ代にお定めになつた、わが國ではじめての年號(ねんがう)であります。

大化(たいくわ)の改新(かいしん)によつて、大臣(おほおみ)や大連(おほむらじ)などはやめられ、新しいきまりができました。天皇におつかへして、朝廷でまつりごとを行ふ大臣(だいじん)をはじめ、多くの役人も、地方を治める役人も、昔の家すぢにかゝはることなく、すぐれた人々をおとりたて下さることになりました。さうして、土地も人民も、すべて朝廷で御支配(ごしはい)になり、

まつりごと のすがた 朝廷のまつ りごとの本	國民は一やうに土地をわけていたゞいて、めいめいの仕事にはげむことができるやうになりました。ひきつゞき御代々の天皇の御力づくしで、新しいきまりがつぎつぎにとゝのひ、五十年ほどの間に、まつりごとのすがたがすつかりかはりました。その後、第百二十二代明治天皇(めいぢてんのう)のみ代のはじめまで、およそ千二百年の間、朝廷のまつりごとのすがたに、いろいろうつりかはりはありましたが、いつも、この頃のきまりが本(もと)になつてゐました。
支那(しな)と のゆきき 唐とのゆき き 二百年あま りのまじは り ヨーロツパ やアメリカ の國々との ゆきき	大化(たいくわ)の改新(かいしん)や、これにつゞいてできた新しいきまりには、支那(しな)のすぐれたところが、いろいろとり入れてありました。その頃、わが國は、唐(たう)とまじはりをつゞけてゐたので、たびたびゆききがありました。唐は、支那で後にも先にも、ためしのないさかんな國で、たいそうひらけてゐました。その勢がおとろへるまで、二百年あまりの間、まじはりがつゞいてゐました。學者や僧は、つぎつぎに勉強に出かけ、また、名高い僧や技術(ぎじゆつ)のすぐれたものが渡つて來ました。したがつて、進んだ學問や佛教(ぶつけう)も傳はり、家の建方や着物の作り方など、世の中の有様にも、支那の風(ふう)が傳はりました。明治天皇(めいぢてんのう)のみ代に、ヨーロツパやアメリカの國々とゆききをして、その國々のよいところをとり入れ、たいそう世の中がひらけたのとよく似てゐます。

第九　都(みやこ)のさかえ(一)

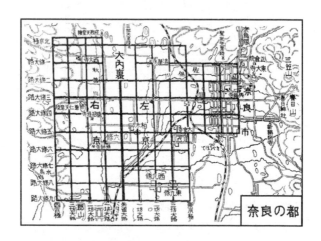

奈良の都

第四十三代元明天皇(けんめいてんのう)は、天智天皇(てんぢてんのう)の皇女(くわうぢよ)であらせられます。天皇は、都(みやこ)を奈良(なら)におさだめになりました。奈良の都は、大和(やまと)の北部にあつて、今の奈良市の西にあたり、東に山をのぞみ、南に平野(へいや)をひかへ、廣さは東西およそ四粁半、南北およそ五粁もあつて、かまへは、唐(たう)の都にみならひ、まつすぐな路(みち)が縦横(たてよこ)に幾(いく)すぢも通つてゐました。宮殿(きゆうでん)や役所をはじめ、寺などのりつぱな建物が立ちならび、白い壁、赤い柱に靑瓦の屋根、まるで繪のやうな美しさでした。都がさかえるにつれて、人々の身なりなども、たいそうはなやかになりました。さうして、元明天皇から七代七十年あまりの間、御代々の天皇は、たいていこの都においでになりました。

都のさかえ(奈良の都)

佛教(ぶつけう)のさかえ

第四十五代聖武天皇(しやうむてんのう)のみ代は、奈良(なら)の都(みやこ)の一ばんさかえた時であります。天皇は、日ごろ、あつく佛教(ぶつけう)を信じていらつしやいました。當時は、佛(ほとけ)ををがみ、その教をひろめると、國がさかんになり、世の中がおだやかに治ると説かれてゐました。そこで、佛教を國中にひろめ、國民が安らかにくらせるやうにしたいとおぼしめされました。

聖武天皇のおぼしめし

さうして、佛教のさかんな唐(たう)にならつて、各地方の中心に國分寺(こくぶんじ)をお造らせになりました。これから佛教は大いにさかえて、各地にりつぱな寺が建てられ、見事な佛像(ぶつざう)や工藝品(こうげいひん)もつくられるやうになりました。今、奈良市の内外には、この頃はじめてできた寺がのこつてゐます。中でも

國分寺

佛教のさかえ

東大寺

えらい僧の力づくし

東大寺(とうだいじ)は、聖武天皇が建てさせられた名高い寺で、高さ十六米もある大佛(だいぶつ)があつて、その頃、佛教のさかえた有様がしのばれます。また行基(ぎ

皇室の御めぐみ	やうぎ)などのやうなえらい僧が、つぎつぎに出て、世の中のためにつくしました。それにつれて、皇室の御めぐみも、ひろくゆきわたつて來ました。

佛教のさかえ(東大寺)

| み國のすがた

御代々の天皇のおぼしめし

神々をまつる役所
國史や地理のしらべ | 大化(たいくわ)の改新(かいしん)このかた、唐(たう)をみならふ風(ふう)がさかんでした。けれども、御代々の天皇のおぼしめしは、聖徳太子(しやうとくたいし)と同じで、わが國のすぐれた精神をもとゐになさいました。朝廷のきまりをお定めになる時には、支那(しな)にためしのない役所をつくつて、神々のまつりを重んぜられました。また、國史や地理をはつきりさせなければならないとお考へになつて、つぎつぎにおしらべさせになりました。元明天皇(げんめいてんのう)のみ代には、古事記(こ |

古事記と風土記 日本書紀 み國のすがた 萬葉集	じき)と風土記(ふどき)、第四十四代元正天皇(げんしやうてんのう)のみ代には、日本書紀(にほんしよき)ができあがりました。日本書紀は、舍人親王(とねりしんのう)が、天皇のおほせをうけておつくりになつたもので、神代(かみよ)から第四十一代持統天皇(ぢとうてんのう)までのりつぱな國史であります。元正天皇は、學者をお召しになつて、その解釋(かいしやく)をきこしめされました。このやうにして、み國のすがたが、明らかになつて來ました。さうして、文をつくるにも、りつぱに漢文(かんぶん)をまねるだけではなく、ことばを漢字(かんじ)で書きあらはすことが進み、歌を書き集めた萬葉集(まんえふしふ)もできました。この國史や地理や歌の本によつて、今でも私どもは、わが國體(こくたい)の尊いことや、御代々の天皇のありがたいおぼしめしや、まつりごとの様子を知つて、わが國もちまへのすぐれたところをわきまへることができます。  舍人親王

ひらけゆく み代 産業の進み 蝦夷のこと むけ 新羅渤海の ゆきき	新しいきまりがとゝのひ、都(みやこ)がさかえるにつれて、まつりごとがよくゆきとゞき、國中がたいそうひらけて來ました。各地方の産業(さんげふ)が進んで、田畠は開墾(かいこん)され、金や銀や銅なども、つぎつぎに掘出されました。また、路(みち)がひらけて、ゆききは便利になり、方々に市(いち)がたつて、物の賣買がおこり、錢も使はれるやうになりました。また、奥羽地方(あううちはう)のひらけないところにゐた蝦夷(えぞ)も、御代々の天皇の御ことむけで、しだいに、皇室の御めぐみにうるほひました。その上、百濟(くだら)・高麗(こま)をほろぼしてさかんになつた新羅(しらぎ)や、滿洲(まんしう)におこつて勢の強くなつた渤海(ぼつかい)などの國々も、朝廷にみつぎものをさし上げてゐましたから、みいつは、いよいよかゞやいて、世の中がよく治りました。

第十　都(みやこ)のさかえ(二)

即位(そくゐ)の禮(れい)
踐祚

天皇は、み位をおつぎあそばすと、すぐに、宮中(きゆうちゆう)で踐祚(せんそ)の式(しき)を擧(あ)げさせられ、朝見(てうけん)の御儀(おんぎ)で、朝廷の役人にその御由(おんよし)をお示しになり、また年號(ねんがう)をおきめになります。さうして、諒闇(りやうあん)があけると、穀物(こくもつ)のみのる秋冬の頃に日をえらび、京都(きやうと)で即位(そくゐ)の禮(れい)をお擧げになります。

即位の禮
今上天皇即
位の禮

今上天皇(きんじやうてんのう)は、昭和三年の十一月に、神器(じんぎ)をさゝげて京都の皇宮(くわうきゆう)にうつらせられました。十日には、まづ御みづから賢所(かしこどころ)をおまつりして、み位につかせられたことをおつげになりました。つゞいて、おもな役人や高い位のものをはじめ、外國の大使(たいし)や公使(こうし)たちを

紫宸殿の御
儀式

お召しになり、紫宸殿(ししいでん)にお出ましになつて、高御座(たかみくら)にのぼらせられ、したしく勅語をたまはつて、み位につかせられたことをひろくお示しになりました。その時、内閣總理大臣(ないかくそうりだいじん)田中義一(たなかぎいち)は、紫宸殿の御前に進み、つゝしんで御よろこびを申しあげ、萬歳(ばんざい)をとなへて御いはひ申しあげました。國民も、こぞつて天皇陛下の萬歳をとなへあげました。天皇は、めでたく

大嘗祭

即位の禮ををへさせられ、十四日の夜の大嘗祭(だいじやうさい)には、したしく天地の神々をまつらせられました。

京都で行は れるわけ 桓武天皇の 都さだめ 京都の都 桓武天皇 （くわんむ てんのう） のおぼしめ し 都の有様	卽位の禮や大嘗祭を京都で行はせられるのは、こゝが、長い間わが國の都であつたからであります。第五十代桓武天皇（くわんむてんのう）が、今からおよそ千百五十年前に、都（みやこ）をこゝにおさだめになつてから、明治天皇（めいぢてんのう）が東京（とうきやう）におうつりあそばされるまで、一千年あまりの間、御代々の天皇は、たいてい京都の都にいらつしやいました。京都が都であつた頃には、皇宮が天皇の御すまひでした。それで、明治天皇のおぼしめしによつて、このやうに大切な御儀式（おんぎしき）が、かならずこゝで行はせられることに定められました。 桓武天皇（くわんむてんのう）は、卽位（そくゐ）の御時には、奈良（なら）の都（みやこ）にいらつしやいました。奈良の都がさかえ、世の中がひらけるにつれて、おごりの風（ふう）もおこり、朝廷につかへるものの心がまへも、とかくゆるみがちになつてゐました。また、御代々の天皇が厚く佛（ほとけ）ををがまれましたので、寺の勢が大きく  桓武天皇

桓武天皇の おぼしめし	なり、僧の中に、朝廷のまつりごとにたづさはつて、大臣と勢を争ふものまでも出ました。桓武天皇は、このやうなわるい風をあらためるのには、都をうつすのが一ばんよいとお考へになりました。また、ますます御めぐみをおひろめになるのには、國中からゆききに便利なところを都にしなければならないと、おぼしめしになりました。
ゆききに便 利な都	

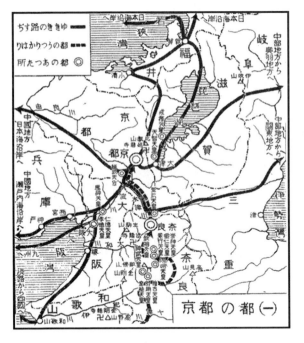

京都の都(一)

京都(きや うと)の都 (みやこ)	今の京都市(きやうとし)のあたりは、まはりが山にかこまれ、琵琶湖(びはこ)から出る淀川(よどがは)をひかへて、奈良(なら)よりも一そうゆききが便利で、はやくから、桓武天皇(くわんむてんのう)のお目にとまりました。

平 安 京

京都の様子

京都の都(みやこ)は、こゝにつくられました。東の方には、流のきれいな賀茂川(かもがは)をへだてて、美しいすがたの東山(ひがしやま)があり、西の方には、賀茂川

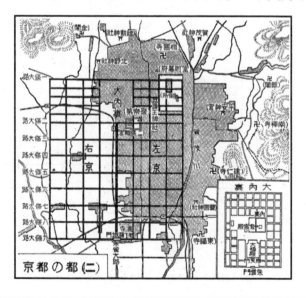

京都の都(二)

新しい都 平安京	をあはせて淀川に入る桂川(かつらがは)があつて、いたるところ景色がよく、櫻や紅葉(もみぢ)の名所がたくさんあります。このやうに、山河がうるはしく、便利がよいので、人民は四方から集つて來ました。天皇は、この新しい都におうつりになると、人人がよろこんでほめたゝへたことばをおとりあげになつて、平安京(たひらのみやこ/へいあんきやう)と名づけられました。かまへは、奈良の都にならつたもので、後にうつりかはりはありましたが、今でも、町すぢなどには、昔のおもかげを傳へて、よくととのつてゐます。  坂上田村麻呂
朝廷の御威光(ごゐくわう) 蝦夷のことむけ	桓武天皇(くわんむてんのう)のみ代の頃、奥羽地方(あううちはう)に住んでゐた蝦夷(えぞ)の中には、まだ人民を苦しめるものがゐました。天皇は、これを平げたいとおぼしめして、いろいろ、そのよういをなさいました。ゆききの便利な京都(きやうと)の都(みやこ)におうつりになり、人々の心もひきしまると、天皇は、坂上田村麻呂(さ

征夷大將軍	かのうへのたむらまろ)に 征夷大將軍(せいいだいしやうぐん)の職をさづけて、奥羽地方へおつかはしになり、蝦夷をことむけさせられました。これから朝廷の御威光(ごゐくわう)が、ますます遠い地方までかゞやきわたりました。

藤原鎌足のほまれ(天智天皇の行幸)

藤原氏(ふぢはらうぢ)のさかえ 中臣鎌足のてがら 鎌足のほまれ 藤原氏のさかえ	京都(きやうと)に都(みやこ)がさだめられてから、百年ばかりの間に、藤原氏(ふぢはらうぢ)の勢がたいそう盛になりました。その先祖(せんぞ)は、中臣鎌足(なかとみのかまたり)であります。鎌足は、天智天皇(てんぢてんのう)をおたすけ申しあげ、改新(かいしん)のまつりごとをとゝのへて、大きなてがらをたてました。鎌足が重い病にかゝつた時には、おそれ多くも、天皇は、したしく御見まひあそばされ、一ばん高い位と藤原(ふぢはら)の氏(うぢ)とをたまはりました。鎌足の子孫には、つぎつぎ

攝政と關白	にすぐれた人があらはれ、大臣(だいじん)にとりたてられて、てがらをたてました。また、聖武天皇(しやうむてんのう)の御母や皇后(くわうごう)をはじめ、御代々の皇后が、たいていこの家からお出(で)になりました。それで、藤原氏の勢は、しだいに盛になつて、この頃になると、ならぶものがなくなりました。さうして、これまでは、皇族でなければなれなかつた太政大臣(だいじやうだいじん)といふ一ばん高い位の役についたり、また、新しくできた攝政(せつしやう)や關白(くわんぱく)などの重い役をいただいて、御幼少(ごえうせう)の天皇のまつりごとをおたすけ申しあげたり、すべてのまつりごとについて、かならず御相談にあづかつたりして、朝廷のまつりごとを思ふまゝに動かすやうになりました。そこで、第五十九代宇多天皇(うだてんのう)・第六十代醍醐天皇(だいごてんのう)の御二代は、菅原道眞(すがはらのみちざね)といふ、すぐれた學者を重くお用ひになつて、藤原氏の勢をおさへようとなさいました。けれども、道眞が官をやめられてから百五十年あまりの間は、藤原氏がひとりで勢をふるひ、おごりをきはめました。この頃までが、京都の都の一ばんさかえた時であります。
宇多天皇醍醐天皇のおぼしめし	
藤原氏のおごり	
都のさかえ	

第十一 國風(こくふう)のあらはれ

京都(きやうと)の都(みやこ)のさかえてゐる頃、御代々の天皇が、學問や佛教(ぶつけう)などをおすゝめになり、朝廷につかへるものも、學問をはげみ、佛教を信じました。それにつれて、すぐれた學者や、えらい僧が出て、世の中が大いにすゝみました。また、久しい間わが國とゆききのつづいてゐた唐(たう)も新羅(しらぎ)も渤海(ぼつかい)もほろび、新に宋(そう)や高麗(かうらい)や遼(れう)がおこりましたが、まじはりをひらきませんでしたから、海外とのゆききが少くなりました。そこで、大化(たいくわ)の改新(かいしん)このかた、支那(しな)からとり入れた學問や佛教などが、わが國もちまへの精神をもとゐとして、たいそう進みました。したがつて、何事につけても、國風(こくふう)があらはれて來ました。

佛教(ぶつけう)は、傳教大師(でんげうだいし/最澄:さいちよう)と弘法大師(こうぼふだいし/空海:くうかい)との力で、たいそう進みました。傳教大師も弘法大師も、朝廷のおほせをうけて唐(たう)に渡り、佛教をまなんでかへり、それぞれ天台(てんだい)の教(をしへ)を傳へ、眞言(しんごん)の法(ほふ)を弘(ひろ)め、わが國がらにあふやうに説きました。それで、比叡山(ひえいざん/京都府:きやうとふ)にある傳教大師のひらいた延暦寺(えんりやくじ)と、高野山(かうやさん/和歌山縣:わかやまけん)にある弘法大師のひらいた金剛峯寺(こんがうぶじ)とは、わ

國風にかなつた教	が國の佛教の中心になりました。さうして、後には、こゝで勉強した僧の中から、よく國風(こくふう)にかなつた教を說くものが出て、今日(こんにち)のやうに、佛教が國民の間にひろまるもとゐをきづきました。 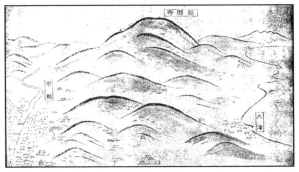 比　叡　山
國風(こくふう)のもちまへ 　國風のあらはれ 　やさしく美しいもちまへ	學問や佛教(ぶつけう)などに國風(こくふう)があらはれるにつれて、寺などの建て方にも、佛像(ぶつざう)の造り方にも、繪や字の書き方にも、やさしく美しい、わが國のすぐれたもちまへがあらはれて來ました。 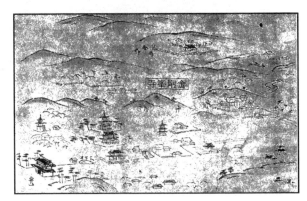 高　野　山

平等院の鳳凰堂 假名 和歌や國文の進み	寺の中では、宇治(うぢ/京都府:きやうとふ)の平等院(びやうどうゐん)が名高く、鳳凰堂(ほうわうだう)の建物や佛像は、まことに見事なものであります。また、とりわけ大切なのは、私どもの毎日使つてゐる假名(かな)が、その頃にできたことであります。假名ができると、ことばを書きあらはすのに、たいそう便利になりましたから、和歌(わか)や國文(こくぶん)が進んで、いろいろのりつぱな本がつくられました。中でも、紫式部(むらさきしきぶ)のあらはした源氏物語(げんじものがたり)は、世界中にひろく知られてゐます。  <div align="center">鳳 凰 堂</div>
世の中の有様 　國風のあらはれ 　昔ながらの風	また、世の中の有様に、すべて國風(こくふう)があらはれて來ました。家のかまへも、身なりも、日常(にちじやう)のくらしも、たいそう美しくはなやかになりました。昔ながらの風が、しだいに進んで來たものもありました。

唐から傳は つたならは し 五節供のき まり	これまでに傳はつた唐(たう)のならはしなどが、國風に かなふやうにかはつて來たものもありました。私ども が、松竹をたて、おとそをいたゞいて年の始のお祝をし たり、七(なゝ)くさを祝つたり、桃の節句(せつく)や端午 (たんご)の節句を祝つたり、七夕祭(たなばたまつり)や月 見(つきみ)をしたりするのは、唐から傳はつたならはし をもとにして、この頃、朝廷でおきめになつた五節供(ご せつく)のきまりなどが、皇室の御めぐみのゆきわたるに つれて、國中にひろまつたもので、今でも、當時の有様 がしのばれます。

國風のあらはれ(世の中の有様)

第十二　武家(ぶけ)のおこり

藤原氏(ふぢはらうぢ)が朝廷のまつりごとを思ふまゝに動かすやうになると、とかく地方がみだれがちになりました。第七十一代後三條天皇(ごさんでうてんのう)は、御生まれつき御英明(ごえいめい)であらせられ、皇太子の御時から、熱心に學問におはげみになりました。み位におつきになると、皇室の御めぐみが、國中によくゆきとゞくやうにするためには、御みづからまつりごとをみそなはさなければならないと、おぼしめしになりました。そこで、藤原氏のわがまゝをおさへて、まつりごとにおはげみになりました。これから、御代々の天皇が、おぼしめしをおうけつぎになりましたので、藤原氏は、だんだんおとろへて、前のやうな勢はなくなりました。

後三條天皇(ごさんでうてんのう)のおぼしめしで、まつりごとのすがたはかはりましたが、地方の政治はなかなか改らないで、世の中がさわがしく、山には山賊(さんぞく)が出る、海には海賊(かいぞく)があらはれるといふ有様でした。そこで、各地の勢のあるものは、苦しんでゐる人々をたすけて、自分に從はせ、大ぜいの家來(けらい)をつくり、廣い田や畠を開墾(かいこん)してゆたかになり、家來には、刀や弓矢を持たせ、また、馬を養はせて、盜人(ぬすびと)をふせいだり、たがひに勢をあらそつたりするやうになりました。これが武士(ぶし)のおこりであります。

後三條天皇(ごさんでうてんのう)のおぼしめし

まつりごとのゆるみ
後三條天皇のおぼしめし

後三條天皇のまつりごと

藤原氏のおとろへ

武士(ぶし)のおこり
地方のみだれ

各地の勢のあるもの
大ぜいの家來
廣い田畠の開墾

武士のおこり

源氏(みなもとうぢ)と平氏(たひらうぢ) りつぱな家がら 源氏の勢 平氏の勢 武家 平氏(たひらうぢ)のさかえ 平清盛の勢	武士(ぶし)の中には、地方を平げて勢をふるふものがあらはれて來ました。名高いのは、源氏(みなもとうぢ)と平氏(たひらうぢ)であります。どちらも、先祖(せんぞ)は、天皇から氏の名をいただいた皇族で、家すぢがりつぱなために、たいそううやまはれ、家來(けらい)になるものが多くて、勢が強くなりました。源氏は、關東地方(くわんとうちはう)や奥羽地方(あううちはう)におこつた亂(らん)をたびたび平げて、この地方の武士をしたがへました。源頼義(みなもとのよりよし)やその子の義家(よしいへ)は、たいそうなさけ深く、つねに家來をかはいがりましたので、家來も、いつ命をすててもよいといふ覺悟(かくご)でつかへました。平氏は、瀬戸内海(せとないかい)の海賊(かいぞく)を平げたり、中國地方(ちゆうごくちはう)や九州地方(きうしうちはう)の亂をしづめたりして、この地方で勢をふるひました。源氏や平氏のやうに、武士のかしらになるものを武家(ぶけ)といひます。源氏も平氏も、しだいに京都にのぼつて、役人にとり立てられ、朝廷をお守りしたり、都(みやこ)の中をとりしまつたりして、てがらをたてました。 平清盛(たひらのきよもり)は、第七十七代後白河天皇(ごしらかはてんのう)のみ代から、だんだん重い役につきました。しまひには、源氏(みなもとうぢ)をうちやぶつて、たいそう勢が盛になり、わづかの間に、太政大臣(だいじやうだいじん)にまでのぼり、一族も、みな重い役にとりたてられました。そこで、清盛は、朝廷のまつりご

平清盛のわがまゝ 平氏うちた ふしのくは だて

とを思ふまゝに動かすやうになり、勢にまかせて、しだいに、わがまゝなふるまひがつのりました。地方におはれてゐた源氏の一族は、この有様を見て、平氏をうちたふして忠義をつくしたいと考へ、各地で兵をあげました。

源賴朝(み なもとのよ りとも)の てがら 鎌倉のやし き 鎌倉の様子

源賴朝(みなもとのよりとも)は、今の靜岡縣(しづをかけん)で兵をおこしました。さうして、まもなく、今の鎌倉市(かまくらし)にやしきをかまへ、しだいに勢が盛になりました。鎌倉は、南は海で、他の三方は山にかこまれてゐて、ようじんがよく、また、關東地方(くわんとうちはう)の各地との交通にも便利でした。その上源賴義(みなもとのよりよし)が奧羽地方(あううちはう)の亂(らん)

源氏の氏神

を平げる時、氏神(うぢがみ)の八幡(はちまん)をいのつて

平氏うちほ
ろぼし

おまもりをいたゞき、後に、御禮のために社を建てた八幡宮(はちまんぐう)もあつて、源氏(みなもとうぢ)とは、たいそうえんの深い所であります。やがて、頼朝は、弟たちにいひつけて、平氏(たひらうぢ)をうちにやりました。平氏はその頃、淸盛(きよもり)がなくなつて、その子の代(だい)になつてゐました。今の神戸(かうべ)の近くに城をかまへ、源氏の軍をむかへて戰ひました。

鎌倉の八幡宮

けれども、たちまち攻めやぶられて、つぎつぎに、先祖(せんぞ)の時からえんの深い、瀬戸內海(せとないかい)に沿つた各地にのがれましたが、とうとう、今の下關(しものせき)の近くで、すつかり攻めほろぼされました。頼朝は、その後、さらに、朝廷の御ゆるしをいただいて、守

富士の卷狩

守護

國中のしづめ

護(しゆご)といふ役をきめ、方々へ自分の家來(けらい)をやり、警察(けいさつ)の仕事をさせました。それで、國中の武士(ぶし)がだんだん賴朝の勢に從ひ、世の中がしづまって來ました。賴朝はつねに神をうやまひ、佛（ほとけ）ををがみ、質素(しつそ)なくらしをして、家來（けらい）にも、大いに儉約(けんやく)をすゝめました。

武藝のはげみ

富士の卷狩 武藝のはげ み	また、富士山(ふじさん)の裾野(すその)で卷狩(まきがり)をしたり、流鏑馬(やぶさめ)・笠懸(かさかけ)・犬追物(いぬおふもの)などをもよほして、弓や馬のわざくらべをさせたりして、武藝(ぶげい)をはげましました。

後鳥羽天皇

後鳥羽天皇 (ごとばて んのう)の おぼしめし 國中のしづ め 朝廷につか へるものの 手本 征夷大將軍 源賴朝 武士のとり しまり	第八十二代後鳥羽天皇(ごとばてんのう)は、かねてから、國中が久しくみだれてゐるのをみそなはして、これをしづめて、まつりごとのゆきとゞくやうにしたいと、おぼしめされました。御みづから、學問をはげみ、武藝(ぶげい)ををさめ、朝廷につかへるものに手本をお示しになつて、まつりごとにおはげみになりました。そこで、源賴朝(みなもとのよりとも)が國中をしづめると、征夷大將軍(せいいだいしやうぐん)の職をおさづけになり、武士(ぶし)をとりしまらせるやうになさいました。

今から七百五十年ほど前のことであります。征夷大將軍は、もと蝦夷(えぞ)を征伐(せいばつ)するためにさづけられた役の名で、これからは、武士のかしらのいたゞく職になり、たゞ將軍ともいひます。さうして、征夷大將軍のやしきを幕府(ばくふ)とよぶやうになりました。

武士のかしら
幕府

源賴朝

まつりごと
のうつりか
はり

源賴朝(みなもとのよりとも)は、幕府(ばくふ)にいろいろの役所をおき、家來(けらい)にいひつけて掛(かゝり)をきめ、國中のとりしまりを、ますますきびしくしましたから、世の中がおだやかになりました。ところが、源氏(みなもとうぢ)は、賴朝から三代めに、あとつぎがなくてほろびました。その頃、北條義時(ほうでうよしとき)の勢が、たいそう強くなつてゐました。父が、賴朝の兵をお

北條義時の
勢

こした時から、いつしやうけんめいにはたらき、姉が、
賴朝の妻になつてゐたからであります。義時(よしとき)
は、源氏がたえると、賴朝の遠い親類(しんるゐ)を京都
(きやうと)から迎へて、征夷大將軍(せいいだいしやうぐ
ん)の職をさづけていたゞき、自分が幕府の權力(けんり
よく)を一手(ひとて)ににぎつて、執權(しつけん)ととな
へました。義時の勢が强くなるにつれて、國中の政治
は、たいてい幕府で行ふやうになり、まつりごとのすが
たが、たいそうかはりました。後鳥羽天皇(ごとばてんの
う)は、この有樣を深く御心配になり、み位をおゆづりに
なつてからも、すべてのまつりごとを朝廷で行ふやうに
改めなければならないと、お考へになつていらつしやい
ました。しかし、義時の子孫は、その後、皇族の征夷大
將軍を鎌倉(かまくら)にお迎へして、代々幕府の權力を
にぎつてゐました。はじめは、すぐれた人物が出て、き
びしいきまりをたてて武士をみちびいたので、世の中は
おだやかでした。

執權

まつりごと
のすがた

後鳥羽天皇
のおぼしめ
し

第十三　武士(ぶし)の心がまへ

武士(ぶし)
の心がまへ
國民もちま
への精神

命がけ

主人と家來
の間から

平生のよう
い

武士(ぶし)は、國中をしづめたてがらがあつたばかりで
なく、りつぱな心がまへを養つて、わが國民もちまへの
精神をあらはしたので、しだいに世の中から重んぜられ
るやうになりました。武士の心がまへは、戰爭をする時
に養はれましたから、何事も命がけでまじめなことがた
つとばれました。主人と家來(けらい)の間からは、親子
のやうで、すつかり一體になつてゐました。さうして、
平生から武藝(ぶげい)をねり、勇氣をやしなひ、家のほ
まれをあげることをねがひ、家がらを重んじ、先祖(せん
ぞ)をあがめました。

武　士

また、いつも儉約(けんやく)を守り、規律(きりつ)を重ん
じ、ひたすら戰爭のよういをおこたらず、とりわけ、神
をうやまひ佛(ほとけ)ををがんで、約束をまもり、いつ

世の中の有様	でも命をすててはたらく覺悟(かくご)をきめてゐました。このやうな武士の心がまへは、身なりや家の造りかたはいふまでもなく、繪にも、文にも、佛像(ぶつざう)にもあらはれて、世の中の有樣がだんだんかはりました。さうしてりつぱな日本刀(につぽんたう)がきたへられ、見事な鎧(よろひ)やかぶとが造られるやうになつたことは、ひときは目だつたことがらであります。この頃、支那(しな)に渡つた僧や支那から來た僧が傳へた禪宗(ぜんしゆう)が、すぐにひろまつたのも、武士の心がまへにかなつたからであります。
日本刀と鎧かぶと	
禪宗	
武士道(ぶしだう)太平の世 武士道	後になつて、武家(ぶけ)がすつかり國中をしづめて、太平(たいへい)の世になると、武士(ぶし)の間にも、學問がひろまつて、武士の心がまへが、ますます養はれました。さうして、武士道(ぶしだう)とよばれるやうになりました。さらに、ほんたうに、み國のすがたがわかり、わが國體(こくたい)をさとるやうになると、主人と家來(けらい)の間がらにあらはれた、わが國もちまへのりつぱな精神は、ひろく國民全體にゆきわたつて、皇室を中心とする君臣(くんしん)の間がらにあらはれ、いよいよひかりがかゞやきました。私ども國民が、今日(こんにち)、一億一心、こぞつて皇運(くわううん)を扶翼(ふよく)したてまつる心がまへは、このやうにして祖先(そせん)によつて養はれた、りつぱな精神をうけついで、ますます國體にかなふやうに、みがきあげたものであります。
皇室を中心とする君臣の間がら	
一億一心皇運扶翼の心がまへ	
元寇(げんこう)	鎌倉(かまくら)の幕府(ばくふ)が中心になつて養ひあげた

蒙古のおこり	武士(ぶし)の心がまへは、第九十一代後宇多天皇(ごうだてんのう)のみ代に元寇(げんこう)をうちはらつた時、見事にひかりをはなちました。今から七百五十年ほど前に、蒙古(もうこ)といふ國が、滿洲帝國(まんしうていこく)の北ざかひを流れてゐる黑龍江(こくりゅうかう)の上流地方からおこつて、アジヤの國々を攻めとり、ヨーロツパにも攻めこんで、それまでにない大きな國になりました。
元の勢	やがて、國の名を元(げん)と改め、勢がますます強くなつて、高麗(かうらい)をしたがへ、さらに宋(そう)を攻めほろぼして、支那(しな)全體をとらうと考へてゐました。さうして、第九十代龜山天皇(かめやまてんのう)のみ代に、わが國に使を送つて、まじはりをひらくことをすゝめて來ました。
まじはりのすゝめ 北條時宗	北條時宗(ほうでうときむね)は、元の手紙がたいそうがうまんなので、使をおひかへしてしまひました。
元の大軍	そこで、元は、後宇多天皇(ごうだてんのう)のみ代に、大軍を出してわが國に攻めよせ、博多灣(はかたわん)にせまつて來ました。
將士の勇戰	元の軍は、兵器も戰術(せんじゆつ)もすぐれ、戰になれてゐましたが、わが將士は少しもひるまず、勇ましく戰つて、うちしりぞけました。
北條時宗の決心	その後、時宗の決心はいよいよ固く、各地の武士を九州(きうしう)にあつめ、博多の海岸には、石がきをきづいてまもりをかためたばかりでなく、元を攻めにゆくよういまでもはじめました。
元を攻めにゆくよう	將士は、みなふるひたつて、年よりも、若いものも、進んで門出(かどで)のしたくをしました。
元の意氣ごみ	元は、すつかり宋をほろぼすと、こんどこそは、わが國を攻めとつてしまはうといふ意氣ご

將士の覺悟 神のまもり 元寇 擧國一致 (きよこく いつち) ためしのな い國難	みで、また、大軍を出して、博多をめざしておしよせて來ました。わが將士は、かねて覺悟(かくご)をきめてゐたとほり、石がきにたてこもつてふせいだり、進んで元の船へ切りこんだりして戰ひました。その時、ふしぎにも、大あらしがおこりました。將士は、神の御まもりと、よろこび勇んでふるひたち、元の大軍をすつかりうちはらつてしまひました。この戰は、前後二十年あまりの長い間にわたり、終つたのは、六百六十年前のことで、元寇とよんでゐます。 元寇(げんこう)は、わが國で、それまでにためしのない、大きな國難(こくなん)でありました。

神風(元寇)

敵國降伏の ねがひ 龜山上皇の おぼしめし	上は天皇・上皇(じやうくわう)を御はじめとして、下は朝廷につかへるものも、武士(ぶし)も、僧も、百姓(ひやくしやう)も、みな心をあはせて、敵國(てきこく)の降伏(かうふく)をねがひ、あけくれ神や佛(ほとけ)にいのつて、覺悟(かくご)をかため、國民はみな力をあはせて、み國のためにはたらきました。おそれ多くも、龜山上皇(かめやまじやうくわう)は、皇大神宮(くわうだいじんぐう)に御使をおつかはしになり、尊い御身(おんみ)に代(か)へても、國民を安らかにして下さるやうにと、御いのりになりました。また、石清水(いはしみづ)八幡宮(はちまんぐう/京都府:きやうとふ)をはじめ、おもな神社までお出ましになつて、一日も早く國難をうちはらへるやうにと、したしく御いのりになりました。

神風(元寇)

敵國降伏(龜山上皇の御いのり)

いつの世にもかはりない、ありがたいおぼしめしであります。北條時宗(ほうでうときむね)は、武家(ぶけ)がてがらをたてて、み國を護(まも)るのはこの時ぞと、思ひきつた覺悟をきめて、將士をはげましました。將士も、日ごろきたへた鎌倉武士(かまくらぶし)の手なみを見よと、身命(しんめい)をなげうつて戰ひ、武士の心がまへをあらはしました。長い年月、上下一體(いつたい)になつて、み國のために力をつくしたので、まごころは神にも通(つう)じて神風(かみかぜ)となり、さしもの強敵(きやうてき)をうちはらひ、りつぱに國難をすくふことができました。國の大事にあたつて、上下みな心を一にして、み國のためにつくすのは、わが國の美風(びふう)であります。明治天皇(めいぢてんのう)のみ代に、淸(しん)やロシヤと戰つた時にも、擧國一致(きよこくいつち)して

武家のてがら

武士の心がまへ

神風

國難のすくひ
擧國一致の美風

支那事變と 舉國一致	大敵をやぶりました。また、支那事變(しなじへん)がおこつてから、かしこくも天皇陛下は、大み心を内外のまつりごとにかけさせられ、日夜(にちや)軍務をみそなはし、ひたすら世界の平和(へいわ)をいのらせられます。私ども國民も、みな心をあはせて、戰場に出たものも、銃後(じゆうご)をまもるものも、一心にみ國のためにはたらいてゐます。
國民の元氣 (げんき) 國民の元氣	元(げん)の大軍を見事にうちはらひましたので、國民の元氣(げんき)がたいそう盛になり、海を渡つて、はるばる朝鮮や支那(しな)の方面へ商賣にでかけるものが、にはかにふえて來ました。このやうにして、國威(こくゐ)
國威のかゞ やき	が東洋にかゞやきわたるもとゐがひらかれたのであります。

第十四　新政(しんせい)のおぼしめし

武家(ぶけ)がおこつて國中をしづめ、鎌倉(かまくら)の幕府(ばくふ)が勢をふるひ、まつりごとのすがたがかはつてから、國民はたいていまつりごとのもとゐをわすれ、天皇の御いつくしみをいただいてゐることに氣がつきませんでした。ところが、元寇(げんこう)があつて、ふしぎな神の御まもりで、國難(こくなん)をうちはらふことができましたので、學問をまなんだものの中には、國體(こくたい)をさとるものがあらはれました。

また、元寇(げんこう)の頃から、世の中の有様が、たいそうかはつて來ました。幕府(ばくふ)の勢はおとろへて、命令がゆきとどかなくなり、武士(ぶし)のくらしは、しだいに苦しくなつて、國中がとかくさわがしくなりました。

後醍醐天皇

後醍醐天皇(ごだいごてんのう)のおぼしめし 後醍醐天皇 新政のおぼしめし 後醍醐天皇(ごだいごてんのう)のまつりごと 鎌倉の幕府 北條氏のふるまひ 勤王のこゝろざし 護良親王 楠木正成	このやうな時に、第九十六代後醍醐天皇(ごだいごてんのう)がみ位におつきになりました。天皇は、後宇多天皇(ごうだてんのう)の皇子(わうじ)であらせられます。御生まれつきたいそう御かしこく、また熱心に學問ををさめ、大いにまつりごとにおはげみになりました。さうして、國民が安心してくらせるやうにするのには、まつりごとのすがたを改めて、天皇が親しくすべてのまつりごとをみそなはし、朝廷を中心にして、御めぐみをたれさせられなければならないと、おぼしめしになりました。 そこで、後醍醐天皇(ごだいごてんのう)は、まづ鎌倉(かまくら)の幕府(ばくふ)をやめなければならないと、お考へになつて、朝廷の役人たちと、いろいろ御相談をなさいました。さうして、各地の武士(ぶし)にも、おぼしめしをお傳へになりました。すると、これを聞いた執權(しつけん)の北條氏(ほうでううち)は、おそれ多くも、天皇の御相談にあづかつた人たちをとらへたり、お召をいたゞいた武士をうつたりしました。勤王(きんのう)のこゝろざしのあついものは、みな北條氏をうちほろぼして、天皇のおぼしめしにかなつた世の中にしなければならないと、決心しました。中でも、皇子(わうじ)の護良親王(もりながしんのう)は、尊い御身であらせられながら、各地をおめぐりになつて、ひろく勤王(きんのう)の武士をお召しになりました。楠木正成(くすのきまさしげ)は、今の大阪府(おほさかふ)の金剛山(こんがうざん)に城をきづいてたてこもり、攻めよせた北條氏の大軍と、

長い間、戰ひつづけました。その間に、各地に勤王の軍がおこりました。さうして、名和長年(なわながとし)や新田義貞(にったよしさだ)や足利尊氏(あしかがたかうぢ)が、とうとう北條氏をほろぼしました。國中がしづまると、天皇は、さつそく鎌倉の幕府をおやめになつて、新しいきまりをたてさせられ、親政(しんせい)のおぼしめしのとほりに、まつりごとのすがたを改め、忠義をつくした人々を重くおとりたてになりました。今から六百年あまり前のことで、その翌年が、建武元年(けんむぐわんねん)になりましたから、建武(けんむ)の中興(ちゆうこう)と申します。

ところが、足利尊氏(あしかがたかうぢ)は、かねてから武士(ぶし)のかしらになりたいとのぞんでゐました。間もなく、朝廷の御ゆるしをいたゞかないで鎌倉(かまくら)に下り、武士をさしづして、勝手なふるまひをはじめ、天皇のお召があつても、したがひませんでした。朝廷では、新田義貞(にったよしさだ)をつかはして、尊氏をおうたせになりました。ところが、尊氏は、義貞をうちやぶり、軍をひきゐて京都(きやうと)にのぼつて來ましたが、義貞や楠木正成(くすのきまさしげ)に攻めやぶられて、九州地方(きうしうちはう)にのがれました。やがて、勢をもりかへし、また大軍をひきゐて攻めのぼつて來ました。正成と義貞は、今の神戸(かうべ)まで進んで、これをふせぎました。正成は、今の湊川神社(みなとがはじんじや)のあたりで勇ましく戰ひ、とうとう討死

新しいきまり
新政のおぼしめし

建武の中興

吉野(よしの)の行宮(あんぐう)
足利尊氏ののぞみ
足利尊氏の勝手なふるまひ

楠木正成の討死

忠と孝(楠木正成と正行)

（うちじに）しました。正成が、途中から子の正行(まさつら)を家に送りかへし、父のこゝろざしをついで忠義をつくすやう、ねんごろにさとしたことは、たいそう有名であります。この戰の後、尊氏は京都にはいり、皇族をお迎へして天皇と申しあげ、自分は征夷大將軍(せいいだいしやうぐん)ととなへました。そこで、おそれ多くも、天皇は、吉野(よしの/奈良縣:ならけん)に行幸あらせられて

行宮(あんぐう)をおさだめになり、皇子方を各地に下し、勤王(きんのう)のこゝろざしのある武士をお召しになつて、尊氏に味方するものをおうたせになりました。ところが、勤王のまごころの深い大將たちが、つぎつぎに戰死をとげ、ふたゝび國中がみだれて、天皇のせつか

くのおぼしめしも、そのかひがなくなりました。

第十五　世のうつりかはり

後村上天皇
(ごむらか
みてんの
う)のおぼ
しめし

楠木正行の
忠孝

北畠親房の
勤王

第九十七代後村上天皇(ごむらかみてんのう)は、吉野(よしの)の行宮(あんぐう)で、み位をおつぎになりました。天皇は、一日も早く國中をしづめて、御父後醍醐天皇(ごだいごてんのう)のおぼしめしどほりの世の中にしたいとお考へになりました。楠木正行(くすのきまさつら)は、よく父の遺言(ゆゐごん)をまもつて忠義をつくし、孝行の道を全うしました。また、北畠親房(きたばたけちかふさ)は、勤王(きんのう)のこゝろざしのあつい家がらに生まれ、護良親王(もりながしんのう)の御いとこにあたり、とりわけ勤王のまごころが深く、はやくから後醍醐天皇におつかへ申して、てがらがありました。足利尊氏(あしかゞたかうぢ)がそむいてからは、熱心に勤王の武士(ぶし)をはげまし、子の顯家(あきいへ)らとともに、各地に出かけて戰ひました。天皇の卽位(そくゐ)あらせられた頃には、ちやうど、今の茨城縣(いばらきけん)に居ました。

皇統のいはれ(北畠親房)

後龜山天皇(ごかめやまてんのう)のおぼしめし 足利義満の御ねがひ 後龜山天皇のおぼしめし まつりごとのうつりかはり 足利義満と朝廷のまつりごと 京都室町の幕府	戰がつゞいていそがしい中に、神皇正統記(じんのうしやうとうき)をあらはし、皇統(くわうとう)のいはれと、わが國體(こくたい)が尊く、國がらがすぐれてゐるわけとをのべて、天皇にたてまつりました。さうして、やがて吉野にかへつて、ますます忠義をつくしました。 足利尊氏(あしかゞたかうぢ)が勝手なふるまひをはじめてから、五十年あまりも戰がつゞき、國中がみだれて、人々はたいそう苦しみました。第九十九代後龜山天皇(ごかめやまてんのう)は、この有様をみそなはし、深く大み心をなやましていらつしやいました。尊氏の孫の足利義満(あしかゞよしみつ)は、天皇に京都(きやうと)の都(みやこ)におかへりいたゞくことを、御ねがひ申しあげました。そこで、天皇は、人民を安心させたいとおぼしめし、そのねがひをお聞きとゞけになつて、京都の都におかへりになり、第百代後小松天皇(ごこまつてんのう)にみ位をおゆづりになりました。 後小松天皇(ごこまつてんのう)は、足利義満(あしかゞよしみつ)を大臣(だいじん)におとりたてになり、しまひには、太政大臣(だいじやうだいじん)をお授けになりました。義満は、國中をしづめることに力をいれて、たいそう勢が盛になりました。また、武士(ぶし)のかしらとして征夷大將軍(せいいだいしやうぐん)の職をいたゞき、京都(きやうと)の室町(むろまち)に幕府(ばくふ)をおいて勢をふるひ、朝廷のまつりごとを思ふまゝに動かすやう

大名まかせ の政治	になりました。さうして、幕府にしたがつた、各地で勢 の強いものを大名(だいみやう)にして、その領地(りやう ち)を治めさせました。やがて、地方の政治(せいぢ)は、 大名まかせになりましたので、朝廷のまつりごとも、幕
まつりごと のすがた	府の勢も、國中にゆきわたらなくなりました。そのため に、まつりごとのすがたが、たいそうかはつて來まし た。室町の幕府は、義滿から百八十年あまりの間つゞい て、足利氏(あしかゞうぢ)が代々征夷大將軍(せいいだい
大名の勢力 あらそひ	しやうぐん)の職をいたゞいてゐましたが、國中をしづめ ることができないで、地方では、大名の勢力あらそひが たえませんでした。
世のうつり かはり 國中のみだ れ	このやうに、久しい間、國中がみだれてゐましたから、 僧が武器をとつて寺をまもつたり、百姓(ひやくしやう) がより集つて、らんばうな武士(ぶし)をこらしめたりす るやうなこともあつて、そのまゝでは、たうてい、國民 がみな安らかにくらしてゆくことはできない有樣でし
百姓や商人 の力	た。けれども、農業(のうげふ)や商業(しやうげふ)などは しだいにひらけましたから、百姓や商人が進んだ考をも つて、武士にもおとらない力をあらはすやうになり、世
世のうつり かはり	の中の樣子が、たいそうかはつてゆきました。
支那(しな) 朝鮮とのゆ きき 足利氏のま じはり 足利氏のぜ いたく	この頃、足利氏(あしかゞうぢ)は、支那(しな)や朝鮮と勝 手にまじはりをひらいてゆききをつづけ、貿易(ばうえ き)をして利益(りえき)をとり、ぜいたくなくらしをして ゐました。足利義滿(あしかゞよしみつ)の建てた金閣(き

金 閣

んかく)や、足利義政(あしかゞよしまさ)のつくつた銀閣(ぎんかく)を見ても、當時の樣子をしのぶことができます。支那では、もう元(げん)がほろびて明(みん)がおこり、朝鮮地方では高麗(かうらい)がほろびて朝鮮(てうせん)の代(だい)になり、明の屬國(ぞくこく)になつてゐました。禪宗(ぜんしゆう)の僧は、學問があつたので、幕府(ばくふ)や大名(だいみやう)の使になつて、たびたび明や朝鮮にゆきました。しだがつて、支那で新に盛になつた、學問や美術(びじゆつ)などが傳はり、京都(きやうと)の都(みやこ)は、禪宗の寺を中心に、たいそうひらけました。この頃、天龍寺(てんりゆうじ)や相國寺(しやうこくじ)などの寺が開かれ、南禪寺(なんぜんじ)・建仁寺(けんにんじ)・東福寺(とうふくじ)などとならんでさかえました。

支那の新しい學問美術

禪宗の寺

客のもてなし

今のならは
しのおこり
家の造り方
や日常のな
らはし

禪宗(ぜんしゆう)の寺が中心になつて世の中がひらける
と、武士(ぶし)の間に、寺の風(ふう)を見ならつた、家の
造り方や日常(にちじやう)のならはしが、とり入れられ
るやうになりました。さうして、世のうつりかはりにつ
れて、國民の間にひろまつてゆきました。私どもの家
で、座敷(ざしき)に疊をしいたり、床(とこ)に掛物(かけ
もの)をかけたり、花を生(い)けたり、お茶をたてたり、
庭を造つたりするならはしは、この頃からおこりまし
た。また、今日(こんにち)のやうな禮式(れいしき)や作法

禮式や作法
のはじめ

(さはふ)なども、たいていは、この頃からはじまつたも
のであります。

第十六　勤王(きんのう)のまごころ

第百二代後花園天皇(ごはなぞのてんのう)のみ代に、足利義政(あしかゞよしまさ)が、征夷大將軍(せいいだいしやうぐん)の職をいたゞきました。その頃、大風や大水があつて、穀物(こくもつ)がみのらない上に、惡い病がはやつて、國民が苦しんでゐました。天皇は、たいそう大み心をいためさせられて、人人の苦しみを思ひやり、政治(せいぢ)にはげむやうに、義政をおいましめになりました。義政も、天皇の御いつくしみに感じて、一時はおごりをやめましたが、まもなく、またわがまゝをはじめ、おそれ多くも、天皇のおぼしめしは、國民にゆきわたりませんでした。その上、第百三代後土御門天皇(ごつちみかどてんのう)のみ代になつて、足利氏(あしかゞうぢ)の相續(さうぞく)の事から、幕府(ばくふ)の重い役を代々うけつぐ大名(だいみやう)たちの勢力あらそひになり、京都(きやうと)の都(みやこ)で戰爭がおこりました。

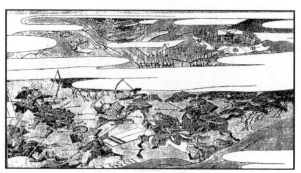

京都の戰亂(應仁の亂)

應仁の亂 國中のみだれ 　戰亂のひろ がり 　強いもの勝 の勢力あら そひ 　國體のわき まへ 勤王(きん のう)のま ごころ 　御代々の天 皇のおぼし めし 　勤王のこゝ ろざし	今から四百七十年あまり前のことであります。戰亂(せんらん)がたちまち大きくなり、前後十一年もつゞきました。そのために、都の町々は、あれはててしまひました。戰爭がおこつた時の年號から、應仁(おうにん)の亂(らん)とよばれてゐます。 應仁(おうにん)の亂(らん)からは、幕府(ばくふ)の命令をきくものが、ほとんどなくなり、戰亂(せんらん)はしだいに地方にひろがりました。その後、およそ百年の間は、戰爭のたえまがなく、國中がすつかりみだれてしまひました。強いもの勝で勢力をあらそつてゐましたから、人々は、みな自分の利益ばかり考へるやうになりました。それで、鎌倉(かまくら)の幕府が勢をふるつてゐた頃よりも、いつそう國體(こくたい)をわきまへないものが多くなりました。 このやうに、世の中の有樣がかはりましたので、おそれ多くも、皇大神宮(くわうだいじんぐう)の御建物をお造りかへすることや、朝廷の御儀式(おんぎしき)なども、きまりどほりに行はせられないことが、たびたびありました。けれども、御代々の天皇は、一日も早く國中がしづまり、まつりごとがよくゆきとゞくやうにしたいと、おぼしめされました。さうして、ひたすら學問をおはげみになり、つねに、大みこゝろを人民の上にかけさせられ、御いつくしみをたれさせられました。國民の中にも、勤王(きんのう)のこゝろざしのあついものが、つぎつぎにあらはれて、大みこゝろにそひたてまつるやうにと、皇室の御ために忠義をつくしました。この頃、皇大神宮につか

大麻のおまつりと神宮まゐり 朝廷におつかへするものの勤王 大名の勤王	へるものが、國中をめぐつて、いろいろと、神宮の御ためにつくしましたので、神宮の尊いことが、ひろく國民にわかるやうになりました。私ども國民が、家ごとに大麻(たいま)をおまつりして、日夜(にちや)神宮を御うやまひ申しあげるならはしも、神宮におまゐりして、神の御まもりにお禮を申しあげることも、この頃から盛になりました。朝廷におつかへするものには、熱心に學問をはげんで、天皇におつくし申したり、また、三條西實隆(さんでうにしさねたか)や山科言繼(やましなときつぐ)らのやうに、不便をしのんで各地をめぐり、大名(だいみやう)たちに忠義をつくすことをすゝめたりするものがゐました。大名の中にも、今の山口市(やまぐちし)に居て勢をふるつてゐた大内義隆(おほうちよしたか)や、大内氏に

勤王のまごころ(商人の勤王)

商人の勤王	(おほうちうぢ)に代つておこつた毛利元就(まうりもとなり)などのやうに、朝廷の御儀式(おんぎしき)に御費用(ごひよう)をたてまつるものがあらはれました。また、第百五代後奈良天皇(ごならてんのう)のみ代に、京都(きやうと)の商人が、まごころこめて召上りものをたてまつつたり、皇居の御つくろひにおつかへしたりして、おほめにあづかつたことなどもありました。

第十七　みいつのひかり

地方のひらけ 　大名のてがら 　産業のおこり	戰爭がつゞいて國中がみだれてゐる間に、やがて各地に、えらい大名(だいみやう)がつぎつぎにあらはれて、百姓(ひやくしやう)や商人をいたはり、産業(さんげふ)をおこしたので、地方がたいそうひらけてゆきました。そのおかげで、金銀や銅なども盛に掘り出されるやうになつて、朝鮮や支那(しな)・南洋(なんやう)に賣出され、貿易(ばうえき)がはんじやうするにつれて、商業がしだいにさかえて來ました。さうして、世の中の有様がますますかはりました。
商業のさかえ	
ヨーロツパ人のおとづれ ヨーロツパ人の勢 貿易のおこり	ちやうど同じ頃、ヨーロツパの國々の人が、はじめてアメリカに渡つたり、東洋の各地に勢をひろめたりして、とうとうわが國をおとづれて來るやうになりました。いろいろめづらしい品物を持つて來るので、貿易(ばうえき)がおこりました。中でも、鐵砲(てつぱう)は、たいそう武士(ぶし)によろこばれて、さつそくひろまり、戰爭のしかたや城のかまへを、にはかに進歩させました。そのほか、タバコやパンやカステイラやカルタなども、この頃わが國に傳はつて、しだいにひろまつた物であります。
キリスト教 キリスト教の傳はり	ヨーロツパ人のゆききするにつれて、キリスト教も、はじめて傳はりました。この敎は、今から二千年ほど前に、ユダヤのキリストといふ人がひらいたもので、ヨーロツパの國々に、廣くゆきわたつてゐました。この頃、わが國にも敎會(けうくわい)や學校ができました。國中

ヨーロツパ人のおとづれ

世の中の不安

坐禪と念佛と題目

がみだれてからこのかたは、世の中がつねに不安で、いつ命を捨てることになるか、わからない有様でありました。そこで、坐禪(ざぜん)で心をおちつけて膽力(たんりよく)を養ふことをすゝめる曹洞宗(そうとうしゆう)や、念佛(ねんぶつ)をとなへてゐれば、なくなつてから安樂(あんらく)なところへ行けると説く淨土宗(じやうどしゆ

う)と眞宗(しんしゆう)や、題目(だいもく)をとなへさへすれば、佛(ほとけ)のまもりを受けると説く法華宗(ほつけしゆう)が、武士(ぶし)にも百姓(ひやくしやう)にも、よろこばれて、たいそうひろまつてゐました。曹洞宗は禪宗(ぜんしゆう)の一派(いつぱ)で、承陽大師(じやうやうだいし/道元:だうげん)が宋(そう)から傳へて説きはじめ、淨土宗は明照大師(みやうせうだいし/法然:ほふねん)、眞宗は見眞大師(けんしんだいし/親鸞:しんらん)、法華宗は立正大師(りつしやうだいし/日蓮:にちれん)がひらいた宗派(しゆうは)で、いづれも佛教(ぶつけう)を國風(こくふう)にあはせて、わかりやすく説いたものであります。

キリスト教

キリスト教のひろまり　このやうな時に、キリスト教の宣教師(せんけうし)が渡つて來て、熱心に教を説いたので、さつそく信者(しんじや)ができて、九州地方(きうしうちはう)から京都(きやうと)の近くにまでひろまつて來ました。

都(みやこ)入りのこころざし
勢のある大名
朝廷の御威光
正親町天皇のおぼしめし
織田信長のこころざし

各地でそれぞれ勢のあつた大名(だいみやう)は、領地(りやうち)がよく治ると、何とかして京都(きやうと)の都(みやこ)にのぼりたいと、こゝろざすやうになりました。大名たちをすつかりうちしたがへて、國中をしづめるのには、どうしても朝廷の御威光(ごゐくわう)をいただかなければならないことがわかつたからであります。その頃、第百六代正親町天皇(おほぎまちてんのう)は、國中のみだれてゐるのをたいそう大み心にかけさせられ、ぜひこれをおしづめになりたいとおぼしめされました。そこで、今の名古屋(なごや)の近くからおこつて岐阜(ぎふ)にうつり、たいそう武名(ぶめい)のあがつてゐた織田信長(おだのぶなが)に、おぼしめしをお傳へになりました。信長は、かねてから勤王(きんのう)のこゝろざしの深い大名でしたから、おほせをいたゞくと、よういをとゝのへて京都の都にのぼつてまゐりました。今からおよそ三百七十年前のことであります。

都入りのこころざし

都入りのく はだて	この前後(ぜんご)に、各地の大名が先(さき)をあらそつて、都にはいらうとくはだてました。しかし、領地が京都から遠いために、誰もみな、こゝろざしをはたすことはできませんでした。その中で、今の靜岡縣(しづをかけん)の今川義元(いまがはよしもと)や、山梨縣(やまなしけん)の武田晴信(たけだはるのぶ/信玄:しんげん)や、新潟縣(にひがたけん)の上杉輝虎(うへすぎてるとら/謙信:けんしん)や、廣島縣(ひろしまけん)の毛利元就(まうりもとなり)などは、とりわけ名高い人たちであります。
國中の平ぎ 織田信長の てがら	織田信長(おだのぶなが)は京都(きやうと)の都(みやこ)にはいると、一日もはやく國中を平げ、朝廷のまつりごとがゆきとゞくやうにして、正親町天皇(おほぎまちてんのう)の大み心を安んじたてまつらなければならないと考へました。

安土の城

そこで、たちまちの間に近畿地方(きんきちはう)をうち平げ、ゆききが便利で、ようじんのよい、今の滋賀縣

安土の城 高い官職 豊臣秀吉の こゝろざし	(しがけん)の安土(あづち)に、それまでにはためしのない ほど、りつぱな城をきづいて、こゝを住まひにさだめ、 しだいに勢をひろめてゆきました。てがらによつて、朝 廷から高い官職をいたゞき、とうとう大臣(だいじん)に のぼりました。信長がなくなると、家來(けらい)の豊臣 秀吉(とよとみひでよし)が、そのこゝろざしをついで、 國中を平げることに、いつしやうけんめいになりまし た。

大阪の城

大阪の城	秀吉は、名古屋(なごや)の近くで生まれ、信長の家來に なつてまじめにはたらき、しだいにとりたてられた人で あります。安土よりも、いつそうゆききに便利な今の大 阪(おほさか)に、りつぱな城をかまへてここを住まひに

國中の平ぎ	さだめ、つぎつぎに各地の大名(だいみやう)をうちした がへ、わづかに十年たらずで、國中をすつかり平げまし た。第百七代後陽成天皇(ごやうぜいてんのう)のみ代の
豊臣秀吉の ほまれ	ことで、今からおよそ三百五十年前にあたります。朝廷 では、秀吉のてがらをおほめになつて、つぎつぎに位を すゝめ、大臣にとりたて、しまひには關白(くわんぱく) をさづけ、つゞいて太政大臣(だいじやうだいじん)にま
豊臣氏	で、おのぼせになりました。その上、豊臣(とよとみ)と いふ氏(うぢ)をたまはりました。

豊臣秀吉

みいつのか がやき	織田信長(おだのぶなが)も、豊臣秀吉(とよとみひでよし) も、とりわけ勤王(きんのう)のまごころの深い人で、勢
朝廷中心の まつりごと	が強くなつてからも、朝廷の大臣(だいじん)として天皇 におつかへ申しあげ、いつも朝廷を中心とするまつりご とのすがたをはつきりさせ、みいつをかゞやかすことに つとめました。信長は、かつて、京都(きやうと)に大名

天覽の馬揃へ

（だいみやう）や家來（けらい）をよび集めて、天覽（てんらん）の馬揃（うまぞろ）へをもよほしました。皇居（くわうきよ）の東に馬場（ばば）をつくり、正親町天皇（おほぎまちてんのう）のお出ましをいたゞき、みなりつぱに身なりをとゝのへて、日ごろよういの名馬（めいば）にまたがり、信長を先頭（せんとう）に、列をつくつて馬場にはいり、御前に進んで勢揃（せいぞろ）へをしました。天皇は、御機嫌（ごきげん）うるはしく、そのさかんな有様を御覽になりました。勢揃へをしたものも、馬場の外に集つたものも、天皇の御すがたを拜してふしをがみ、めでたいみ

めでたいみ代のお祝ひ

聚樂第の行幸

代をお祝ひ申しあげ、信長のてがらをたゝへました。秀吉は、京都に聚樂第（じゆらくてい）といふりつぱなやしきをかまへると、後陽成天皇（ごやうぜいてんのう）に行幸を御ねがひ申しあげました。

みいつのかがやき（天覽の馬揃へ）

太平のよろこび	その時、四方から集つて、さかんな御行列(ごぎやうれつ)ををがんだ人々は、太平(たいへい)の世に生まれたありがたさに、涙を流してよろこびあひました。秀吉は御行列に御供(おんとも)申しあげ、また五日間も、天皇のおとまりをいたゞいて、いろいろのもよほしをおめにかけ、さらに、大名たちに忠義をつくすことをちかはせました。これから、大名をはじめ、武士(ぶし)や百姓(ひやくしやう)まで、しだいに皇室のありがたいことをさとつて來ました。
忠義のちかひ	
國中一體のすがた	豐臣秀吉(とよとみひでよし)は、うち平げた地方を大名(だいみやう)たちに治めさせましたが、これまでのやうに、めいめいが思ひ思ひのきまりをたてて、國中がまちまちになることのないやうに、もとから家來(けらい)であつたものを、大切な地方の大名にして、とりしまりをきびしくしました。さうして、國中の土地の廣さをはからせたり、租税(そぜい)のとりたて方を一やうにしたり、金貨(きんくわ)や銀貨(ぎんくわ)などをつくつて取引を盛にしたり、路(みち)をとゝのへて交通を便利にしたりしました。それで、まつりごとがゆきとゞいて、みいつのひかりはあまねく、國中が一體のすがたになりました。長い間の戰爭がしづまつて、國民は太平(たいへい)のよろこびにあふれ、安心して仕事にはげんだので、産業(さんげふ)がおこり、世の中がひらけ、繪にも、建物にも、日用品(にちようひん)にも、身なりにも、はでやかで元氣のあふれた時代の氣象(きしやう)があらはれました。中には、ヨーロツパ人から傳はつた新しいならは
大名のとりしまり	
みいつのひかり	
國中一體のすがた	
はでやかで元氣のあふれた時代	

新しいならはし キリスト教のさしとめ 國威(こくゐ)のかゞやき 豐臣秀吉のこゝろざし 國威のかゞやき 國民の元氣	しも、加つて來ました。けれども秀吉(ひでよし)は、キリスト教を信ずるもののふるまひに、み國をそこなふおそれがあるのを見て、その教をひろめることは、きびしくさしとめました。 豐臣秀吉(とよとみひでよし)は、元寇(げんこう)以來、しだいに盛になつて來た國民の元氣(げんき)を、ますますふるひおこして、海外に勢をのばす道を開くことに力を入れ、さらに、東洋を一體として、皇室の御めぐみをひろめなければならないとこゝろざし、大いに國威(こくゐ)を海外にかゞやかしました。秀吉は、まだ、このこゝろざしをしとげないうちになくなりましたが、そのてがらによつて、國民の元氣は盛になり、海外とのゆききはしげく、貿易(ばうえき)はさかえて來ました。

第十八　太平(たいへい)のめぐみ

豊臣秀吉(とよとみひでよし)がきづきあげた太平(たいへい)のもとゐは、やがて徳川家康(とくがはいへやす)がうけつぎました。家康は、もと、今の愛知縣(あいちけん)の岡崎(をかざき)に居た大名(だいみやう)で、だんだん勢が強くなり、はじめは織田信長(おだのぶなが)にしたがひ、後には秀吉から重く用ひられ、今の東京(とうきやう)に居て、關東地方(くわんとうちはう)を治めることをまかされてゐました。さうして、大臣(だいじん)にとりたてられて、大名の中では、一ばん勢がありました。秀吉がなくなると、すつかり外の大名をしたがへました。

後陽成天皇(ごやうぜいてんのう)は、ますますまつりごとがゆきとゞいて、太平のもとゐがかたくなるやうにしたいとおぼしめして、家康に征夷大將軍(せいいだいしやうぐん)の職をお授けになりました。

徳川家康

江戸の幕府	家康は、今の東京に幕府(ばくふ)をひらきました。その頃、東京は江戸(えど)といひましたから、江戸の幕府とよびます。家康は、源頼朝(みなもとのよりとも)がりつぱな武士(ぶし)の氣風(きふう)を養つたのを手本とし、また、秀吉のたてたきまりをもとり入れて、新に幕府のきまりをたて、ますますきびしく大名をとりしまつて、國中がよく治るやうに力をつくしました。
幕府のきまり	
太平(たいへい)のめぐみ 御代々の天皇の大み心	後陽成天皇(ごやうぜいてんのう)の後、御子第百八代後水尾天皇(ごみづのをてんのう)、御孫第百十代後光明天皇(ごくわうみやうてんのう)を御はじめとして、御代々の天皇は、みな御英明(ごえいめい)にましまし、よくおぼしめしをうけつがせられ、つねに學問におはげみになり、深く大み心をまつりごとにかけさせられました。さうして、德川家康(とくがはいへやす)の子孫に、ひきつづき征夷大將軍(せいいだいしやうぐん)の職をお授けになり、たいていのまつりごとは、江戸(えど)の幕府(ばくふ)におまかせになりました。代々の將軍は、先祖(せんぞ)のおきてを守つて、きびしく大名(だいみやう)をとりしまりました。大名も、みな、代々うけついで、熱心に領地(りやうち)を治めることに力をいれましたから、各地方のすみずみまでひらけました。それで、二百年あまりの長い間、國中がおだやかで、國民は太平(たいへい)のめぐみをうけることができました。
幕府まかせのまつりごと	
大名の熱心	
太平のめぐみ	

太平の世

發展のもと
ゐ
　太平の世
　産業のおこ
り

　　世の中のす
すみ
　武士の氣風

　國民のくら
し

　わが國發展
のもとゐ

太平(たいへい)の世がつゞいたので、いろいろの産業(さんげふ)がおこり、農業(のうげふ)もますます進みましたが、とりわけ商業(しやうげふ)は日ましにひらけて、商人がゆたかになりました。また、學問でも、歌や文を作ることでも、繪をかくことでも、みな、大いに進んだばかりでなく、ひろく國民にゆきわたるやうになりました。さうして、世の中の有樣がはなやかになり、武士(ぶし)の氣風(きふう)も、しだいに昔とはかはり、國民のくらしの樣子が、すつかりかはつて來ました。それにつれて、今でもはやつてゐる、歌や音樂(おんがく)や芝居(しばゐ)なども、つぎつぎにはじまつて、國中にひろまりました。このやうにして、世の中がすゝみ、國中がひらけて、百姓(ひやくしやう)も商人も、ますます進んだ考をもつやうになつて、わが國が今日(こんにち)のめざましい發展をとげるもとゐがきづかれたのであります。

京都(きやうと)のにぎはひ 都のかまへ	さきに、織田信長(おだのぶなが)は、京都(きやうと)の都(みやこ)にはいると、まつさきに皇居(くわうきよ)をおつくろひ申しあげ、豊臣秀吉(とよとみひでよし)も、皇居や都のかまへをとゝのへ、みいつのひかりをいたゞいて、太平(たいへい)のもとゐをきづきました。それで、戦亂(せんらん)のために荒されてから、久しくすたれてゐた町が、昔にもましてにぎはひ、またりつぱな都になりました。その上、秀吉が、上手な機織(はたおり)を西陣(にしぢん)によびよせて、その頃まで、支那(しな)から輸入(ゆにふ)してゐた美しい織物にならひ、綾織(あやおり)や錦(にしき)などを織り出させてからは、織物や染物(そめもの)をはじめ、いろいろの工藝(こうげい)が進みました。したがつて、商業(しやうげふ)も、たいそうはんじやうして、大阪(おほさか)とならんで、全國の中心になり、人口はだんだん増して、五十萬をこえるほどになりました。
昔にもまさるにぎはひ 工藝の進み	
商業のはんじやう	

京都のにぎはひ

京都市のもとゐ 東京市(とうきやうし)のもとゐ 東京市 太田道灌の城	今の京都市は、この頃の町がもとゐになつて、しだいにさかえて來たのであります。 東京市(とうきやうし)は、隅田川(すみだがは)の川口にあつて、南に東京灣(とうきやうわん)をひかへ、關東平野(くわんとうへいや)の中心であります。今から四百八十年ほど前に、太田道灌(おほたどうくわん)が、はじめてこゝに城をつくりました。

京都のにぎはひ

江戸城 政治の大きな中心	德川家康(とくがはいへやす)が、關東地方の大名(だいみやう)になつた時、その城あとに新しく江戸城(えどじやう)をきづきました。今の宮城(きゆうじやう)の所にあたります。家康が幕府(ばくふ)をおいてからは、東京が政治(せいぢ)の大きな中心になりました。商人もしだいに集つて、商業がさかえ、人口も、京都(きやうと)の都(みやこ)をこえるほどになりました。多摩川(たまがは)などの水を引いて來て飲水をわけたり、大火事をふせぐため

に消防組(せうばうぐみ)をこしらへたり、市區(しく)の改正をして町なみをそろへたり、公園(こうゑん)をつくつたり、いろいろと、都市(とし)としての設備(せつび)がととのへられました。東京が、今のやうにりつぱな都になつたのは、このやうにして發展のもとゐができてゐたからであります。

都市としての設備

發展のもとゐ

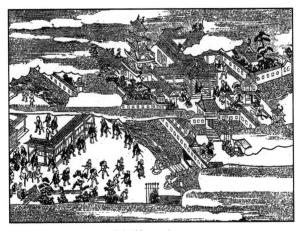

江戸城のかまへ

第十九　み國のすがた

學問のおこり

御代々の天皇の御すゝめ

德川家康のすゝめ

大名の學問

學者の研究

教育のひろまり

み國のすがた

天皇の御いつくしみ

太平(たいへい)の世になると、學問の大切なことがわかつてまゐりました。後陽成天皇(ごやうぜいてんのう)を御はじめとして、御代々の天皇は、熱心に學問をおすゝめになり、御みづから、いろいろ本をおあらはしになり、また、日本書紀(にほんしよき)をはじめ、大事な本をつぎつぎに印刷(いんさつ)させられました。德川家康(とくがはいへやす)も、世の中を治めるのには、學問をひろめなければならないと考へ、京都(きやうと)の禪宗(ぜんしゆう)の寺から、學問のある僧をよびよせて、相談相手にしたり、幕府(ばくふ)のたてた學校の先生にしたりして、學問をすゝめました。それからは、大名(だいみやう)たちも、學者を招いて教を受けたり、學校をおこしたりしたので、武士(ぶし)がたいそう學問を重んずるやうになりました。また、京都や東京(とうきやう)などの學者が、大ぜいの弟子を集めて研究しましたから、いろいろの學問が大いに進みました。その上、多くの寺子屋(てらこや)ができて、教育がひろまり、百姓(ひやくしやう)や商人にも、學問にこゝろざすものがあらはれ、しまひには、名高い學者も出るやうになりました。このやうにして、學問が進むと、國民がみな、み國のすがたをはつきりとわきまへるやうになりました。

德川氏(とくがはうぢ)が、代々朝廷から征夷大將軍(せいいだいしやうぐん)の職をいたゞいて、大名(だいみやう)

<table>
<tr><td>

まつりごと
のすがた

皇室の御め
ぐみ

御代々の天
皇のおぼし
めし

後陽成天皇
と後水尾天
皇

</td><td>

をとりしまり、江戸(えど)の幕府(ばくふ)が政治(せいぢ)の中心になりましたので、まつりごとのすがたが、たいそうかはりました。德川氏は、勢にまかせて、わがまゝなふるまひをすることも、たびたびありました。おそれ多くも、たいていの國民は、皇室の御めぐみをいたゞいてゐることに、氣がつきませんでした。しかし、御代々の天皇は、つねに國民を御いつくしみになり、すべてのまつりごとが、朝廷を中心として行はれるやうにして、ますます御めぐみをおひろめあそばさうとおぼしめされました。後陽成天皇(ごやうぜいてんのう)は、昔の宮中(きゆうちゆう)の御儀式(おんぎしき)などについて、くはしくおしらべになり、後水尾天皇(ごみづのをてんのう)は、和歌(わか)をはじめ、國風(こくふう)のあらはれた學問をおすゝめになりました。

</td></tr>
</table>

後光明天皇

後光明天皇 のおぼしめ し 櫻町天皇の おぼしめし 光格天皇の おぼしめし まつりごと のすがたの 改るもとゐ 國體(こく たい)のさ とり 徳川光圀の こゝろざし	後光明天皇(ごくわうみやうてんのう)は、御幼少(ごえう せう)の時から、日課(につくわ)をきめて學問におはげみ になり、御年十一でみ位につかせられ、つねに朝廷につ かへるものをいましめて、大いに學問をおすゝめにな り、朝廷を中心とするまつりごとのもとゐをかためるこ とにおつとめになりました。その後、第百十五代櫻町天 皇(さくらまちてんのう)が、御年十六でみ位につかせら れました。天皇は、深く神々をうやまつてまつりごとに おはげみになり、大嘗祭(だいじやうさい)や新嘗祭(にひ なめさい)がきまりのとほりに行はれてゐなかつたのをみ 心にかけさせられ、かならず行はせられるやうに、ため しをおひらきになり、國民のしあはせをいのらせられま した。また、第百十九代光格天皇(くわうかくてんのう) は、學習院(がくしふゐん)のもとゐをおひらきになつ て、皇子(わうじ)や皇女方(くわうぢよがた)をはじめ、朝 廷につかへるものに、學問をおすゝめになりました。こ のやうにして、皇族方を御はじめとして、朝廷につかへ るものの間に、學問がよくひろまつて、進んだ考がおこ り、しだいにまつりごとのすがたの改められるもとゐが きづかれてゆきました。 學問がひろまるにつれて、わが國體(こくたい)をさとる ものがあらはれました。中でも、今の茨城縣(いばらきけ ん)の大名(だいみやう)であつた徳川光圀(とくがはみつく に)は、りつぱな國史をつくつて、ひろく國體を知らせた いと考へ、第百十一代後西天皇(ごさいてんのう)のみ

徳川光圀に招かれた學者	代に、方々から學者を招き、古い本をあつめて、國史の編纂(へんさん)をはじめました。光圀は、また、深く楠木正成(くすのきまさしげ)の忠義に感じて、今の湊川神社(みなとがはじんじや)にある正成の墓に碑(ひ)をたてたことは、よく人に知られてゐます。光圀に招かれた學者たちは、師弟(してい)相うけついで研究を進め、光圀のこゝろざしをなしとげることに力をつくし、また、いろいろ本をあらはして、國體を明らかにし、忠臣(ちゆうしん)のてがらを述べて、世の中にひろめました。
學問の進み 支那の學問 古い本のしらべ 國史や國文の研究	このやうに國體(こくたい)のさとりがおこつたのは、學問の研究(けんきう)が進んだからであります。はじめは、昔からのならはしで、支那(しな)の學問が盛でしたが、やがて、これをわが國がらにかなふやうに說くことが盛になりました。中でも名高いのは、山崎闇齋(やまざきあんさい)やその弟子たちの熱心な研究であります。また、わが國の古い本をしらべることもおこりました。久しい間、支那の學問を重んじてゐたので、わが國の古い本は、はつきり讀めないくらゐになつてゐました。けれども、わが國がらを知るためには、國史や國文を研究しなければならないと考へるものが、しだいにあらはれました。賀茂眞淵(かもまぶち)や本居宣長(もとをりのりなが)は、熱心に勉強して、まづ古いことばをしらべ、古事記(こじき)や日本書紀(にほんしよき)や萬葉集(まんえふしふ)をはつきり讀めるやうにしました。宣長は、光格天皇(くわうかくてんのう)のみ代に、三十年あまりの長い

本居宣長の研究	年月を費して、古事記の解釋(かいしやく)をした古事記傳(こじきでん)をつくり上げ、また、わが國もちまへのすぐれた精神を、誰にもわかるやうに說きはじめました。弟子(でし)の平田篤胤(ひらたあつたね)は、こゝろざしをついで、ますますこれをひろめました。このやうにして、國學(こくがく)がおこりました。さうして學問の研究が進むにつれて、わが國體(こくたい)のすぐれてゐることや、皇室の御めぐみによつて國のひらけて來たいはれが明らかになりました。おかげで、み國のすがたが、國民によくわかつてまゐりました。
國學のおこり	
學問研究の進み	
み國のすがた	勤王のまごころ(竹内式部)
勤王(きんのう)のまごころ 竹内式部のまごころ	國體(こくたい)のさとりがひろまると、勤王のまごころをあらはすものが出るやうになりました。竹内式部(たけのうちしきぶ)は、山崎闇齋(やまざきあんさい)の學問をうけついで、勤王(きんのう)のまごころの深い人であり

| み國のすがた | ました。第百十六代桃園天皇(ももぞのてんのう)のみ代に、京都(きやうと)に居て、朝廷につかへるものは、熱心に學問をまなばなければならないことをとなへ、日本書紀(にほんしよき)を説いて、天皇がすべてのまつりごとをしたしくみそなはすやうにしなければならないと論じました。その後、勤王のこゝろざしをもつものが、しだいにふえて來ました。とりわけ、國學(こくがく)がおこつて、み國のすがたが明らかになり、わが國もちまへの精神がほんたうにわかるやうになると、勤王のまごころは、ますますひろくゆきわたりました。 |

第二十 一新(いつしん)のもとゐ

徳川家康(とくがはいへやす)は、豐臣秀吉(とよとみひでよし)の方針(はうしん)をうけついで、支那(しな)やヨーロツパから渡つて來るものに貿易(ばうえき)をゆるし、國民の海外に出かけるのを奬勵(しやうれい)したので、海外とのゆききは一年ましにしげく、國民の元氣(げんき)は、ますます盛になりました。すると、きびしくさしとめてゐたキリスト教を信ずるものが多くなつて、亂(らん)をおこしたものがありました。そのまゝにしておいては、國をみだすおそれがありますから、第百九代明正天皇(めいしやうてんのう)のみ代に、家康の孫の德川家光(とくがはいへみつ)は、思ひきつて海外とのゆききをすつかりさしとめ、キリスト教を根だやしにすることにしました。それから、毎年きびしいしらべをしてとりしまり、寺には、佛教(ぶつけう)を信じてゐるものの保證(ほしよう)をさせましたから、國民は、みな佛教の一つの宗派(しゆうは)を信じ、檀那寺(だんなでら)をきめるやうになつて、佛教が國中にひろまり、キリスト教を信ずるものはなくなりました。さうして、海外とのゆききは、キリスト教をひろめることにかゝはりのないオランダ人と支那人(しなじん)とが、貿易のために長崎(ながさき)の港に來ることがゆるされてゐるだけでありました。そこで、國民は、世界の動きをはつきりと知ることができませんでしたが、太平(たいへい)のめぐみをうけて、何事にも國風(こくふう)があらはれて來ました。

世界の動き 世界のうつ りかはり 植民地のき そひ ヨーロツパ やアメリカ の人々の勢 海のまもり 海外の様子 外國船打拂 ひ 外國とのゆ きき 考明天皇 (かうめい てんのう) のおぼしめ し 世のすゝみ 幕府のおと ろへ	わが國で、幕府(ばくふ)が、海外とのゆききをさしとめてゐる間に、世界の様子がすつかりかはりました。ヨーロツパやアメリカの國々が、たいそうひらけ、工業(こうげふ)が進んで、原料(げんれう)を買入れたり、でき上つた品物を賣つたりするために、相きそつて、世界の各地に植民地(しよくみんち)をひろめました。その頃、インドは、産物がゆたかでしたが、國の勢が弱く、支那(しな)では、明(みん)のほろびた後、滿洲(まんしう)からおこつた淸(しん)が、北京(ぺきん)に都(みやこ)をおいて、廣い領地(りやうち)をもつてゐましたが、まだ商工業(しやうこうげふ)が進んでゐませんでした。それで、ヨーロツパやアメリカの人々が、東洋に勢をひろめて來ました。つづいて、わが國にも、渡つて來て、中には、らんばうをはたらくものもありました。そこで、わが國ではにはかに海のまもりをかためたり、海外の様子をしらべたりすることが盛になりました。また、外國船が來た時には打拂つてしまへと論ずるものや、外國とゆききをひらいて、進んだ文物(ぶんぶつ)をとり入れなければならないと說くものが出て、世の中は、たいそうさわがしくなりました。 ちやうどこの頃は、久しく太平(たいへい)がつづいて、世の中がひらけ、國民は日ましに進んだ考をもつやうになつてゐました。しかし、幕府(ばくふ)の方針(はうしん)は、昔のまゝに少しも改らないばかりでなく、勢がおとろへて、大名のとりしまりなども、とかくゆるみがちで

考明天皇の御いましめ	した。そこで、第百二十一代孝明天皇(かうめいてんのう)は、たいそう御心配になり、み位におつきになると、すぐに幕府を御さとしあらせられ、いつしやうけんめいに政治(せいぢ)に力を入れて、海のまもりをかため、國威(こくゐ)をおとさないやうに、御いましめになりました。その上、國の大事(だいじ)は、かならず、朝廷に申しあげてきめるやうにお定めになりました。これから、
みいつのかがやき	大いにみいつがかゞやいて、朝廷がまつりごとの中心になるもとゐがきづかれてゆきました。ところが、幕府は、方針がまだはつきりしないうちに、どうしても外國とまじはりをひらかなければならないやうになり、朝廷
アメリカやヨーロツパの國々とのまじはり	の御ゆるしをいたゞかないで、勝手にアメリカやヨーロツパの國々と約束をきめて、まじはりをはじめました。
幕府を討ちたふす論	そこで、幕府が國のまもりをかためることができず、また、勝手なふるまひをしたのをとがめて、これを討ちたふして、まつりごとがすべて天皇のおぼしめしのまゝに進められるやうに改め、ヨーロツパやアメリカの人々をすつかり打拂つてしまはなければならないと論ずるものが、つぎつぎにあらはれて來ました。天皇は、朝廷につ
考明天皇のまつりごと	かへるものも、幕府も、大名も、みな力をあはせて、み國のためにつくし、一日も早く國中がしづまるやうにしたいとおぼしめし、征夷大將軍(せいいだいしやうぐん)德川家茂(とくがはいへもち)をお召しになり、御みづからおさしづをあそばして、まつりごとにおはげみになりました。
一新(いつしん)のもとゐ	孝明天皇(かうめいてんのう)の御次に、今上天皇(きんじ

明治天皇 德川氏のお とろへ 世の中のみ ちびき 世界の國々 との競爭 幕府をたふ すくはだて 德川慶喜の 御ねがひ 明治天皇の おぼしめし 神武天皇の まつりごと 朝廷のまつ りごと	やうてんのう)の御祖父(ごそふ)であらせられる明治天皇(めいぢてんのう)が、み位におつきになりました。今から七十年あまり前で、慶應(けいおう)三年正月のことであります。德川氏(とくがはうぢ)の勢は、すつかりおとろへて、たうてい、世の中をみちびいて、國民の元氣(げんき)をひきたて、世界の進んだ國々と、りつぱに競爭してゆけないことが、はつきりしてゐました。そこで、早く幕府(ばくふ)をたふして、すべてのまつりごとが朝廷から出るやうにしようと、くはだてるものが、しだいにふえてゐました。このやうな時に、征夷大將軍(せいいだいしやうぐん)の職をいたゞいた德川慶喜(とくがはよしのぶ)は、光圀(みつくに)の子孫で、勤王(きんのう)のまごころのあつい家に生まれ、また、世界の樣子をよく知つてゐたので、この有樣を見て、それまで幕府(ばくふ)でとり行つてゐた政治(せいぢ)をやめたいと考へ、朝廷に御ねがひ申しあげて、御ゆるしをいたゞきました。そこで、天皇は、まつりごとのきまりを、すつかり新しく改めたいとおぼしめされました。まづ、その頃最も重い役目であつた、攝政(せつしやう)や關白(くわんぱく)や征夷大將軍(せいいだいしやうぐん)をおやめになり、神武天皇(じんむてんのう)が、わが國のもとゐをおかためあそばした時と同じやうに、天皇が御みづからまつりごとをおすべになることを、おほせ出されました。さうして、朝廷には總裁(そうさい)といふ役を置いて有栖川宮熾仁親王(ありすがはのみやたるひとしんのう)におさづけになり、また、もとから朝廷につかへてゐたものの外

國民のつとめ	に、大名(だいみやう)や大名の家來(けらい)にも、重い役をさづけておとりたてになり、すべてのまつりごとを朝廷で行はせられることになさいました。その上、國民はみな心をあはせて忠義をつくし、み國のためをはからなければならないことを、御さとしあらせられました。  王政復古
王政復古	これを王政復古(わうせいふくこ)と申します。天皇の御まつりごとが、また國のはじめの正しいすがたと、すつかり同じになるもとゐができたからであります。これで、江戸(えど)の幕府(ばくふ)はなくなり、德川氏は、あらためて大名にしていたゞきました。このやうにして、
まつりごとの一新するもとゐ	まつりごとのすがたが一新(いつしん)するもとゐがきづかれ、これから、朝廷のまつりごとが、天皇のおぼしめしのとほりに、ひろく國民にゆきとゞくやうになつてゆきました。

第二十一　一新(いつしん)のまつりごと(一)

一新(いつしん)の御ちかひ
明治天皇のおぼしめし

まつりごと
一新の御方針

明治天皇(めいぢてんのう)は、王政復古(わうせいふくこ)をおほせ出された時、御年まだ御十六であらせられましたが、これまでにない、りつぱなみ代にして、國民をしあはせにくらさせ、わが國を世界で一ばん盛な國にしたいと、おぼしめされました。そこで、み位をおつぎになつた翌年にあたる、慶應(けいおう)四年の三月に、まつりごとのすがたを一新(いつしん)せられる御方針(ごはうしん)をおきめになりました。

一新の御ちかひ

御ちかひのおぼしめし

さうして、これを神々に御ちかひあそばし、また、ひろく國民にもお示しになりました。まつりごとは、何事でも、大ぜいのものの意見をきこしめしておきめになり、國民には、みな一やうに朝廷の御めぐみをいただいてその志をとげ、心をあはせてみ國のために力を盡くさせ、

明治元年	また、わるいならはしは、すつかり改め、ひろく世界のよいところをおとり入れにならうといふ、ありがたいおぼしめしでございました。やがて、卽位(そくゐ)の禮(れい)をお擧(あ)げになり、年號(ねんがう)を改めて、その年を明治元年(めいぢぐわんねん)とお定めになりました。それから、御ちかひのとほりに、思ひきつて、まつりごとのきまりを、つぎつぎに改めさせられました。それ
大政御一新 明治維新	で、まつりごとのすがたは、すつかり新しくなりました。これを大政御一新(たいせいごいつしん)と申し、また明治維新(めいぢゐしん)ともいひます。國民は、天皇の御德(おんとく)をあふぎ、ますます決心をかためて、いつしやうけんめいに忠義をつくしました。
東京(とうきやう)の都(みやこ) 都さだめのおぼしめし	明治天皇(めいぢてんのう)は、國民の氣もちを引きしめようとおぼしめし、新しく都(みやこ)をさだめておうつりあそばすことになさいました。それには、これまで政治(せいぢ)の大きな中心になつてゐた東京(とうきやう)を都にして、まつりごとの中心が朝廷であることを、國民にはつきり知らせようとお考へになりました。また、神武天皇(じんむてんのう)や桓武天皇(くわんむてんのう)の都さだめのおぼしめしと同じやうに、北海道(ほくかいだう)や樺太(からふと)など、新にひらけた地方に、まつり
東京行幸	ごとがゆきとゞくやうになさるためにも、東京が便利でありました。そこで、天皇は、明治元年の七月に、江戸(えど)を東京とお改めになり、九月には、神器(じんぎ)を奉(ほう)じて京都をお出ましになり、東京に向かはせられました。

皇威のかゞやき(太平洋御覽)

大み代のあ
りがたさ

御道すぢの人々は、みな御行列(ごぎやうれつ)ををがん
で、大み代のありがたさに涙をながしました。

東京の都(明治天皇の東京御着)

明治天皇

太平洋御覽	天皇はおそれ多くも、たびたび御乘物をおとゞめになつて、人々の農業(のうげふ)にいそしむ有樣をみそなはし、辛苦(しんく)をあはれませられました。また、天皇は、御途中、はじめて太平洋(たいへいやう)を御覽(ごらん)になり、御感(ぎよかん)深くおはしました。この時、御供(おんとも)のものは、皇威(くわうゐ)の海外にかゞやくはじめであるといつて、よろこびあひました。十月には、御機嫌(ごきげん)うるはしく、東京に着かせられて、今の宮城(きゆうじやう)を皇居(くわうきよ)におさだめになりました。これから、東京は都になり、ますますにぎはつて來ました。
皇居の御さだめ	
一新(いつしん)のまつりごと 新しいきまり	明治天皇(めいぢてんのう)は、一新(いつしん)のまつりごとを行はせられるために、いろいろと新しいきまりをお立てになり、天智天皇(てんぢてんのう)の改新(かいしん)のまつりごと以來、つゞいてゐた朝廷のきまりをお改めになりました。さうして、まつりごとを行ふ大臣(だいじん)を新におきめになつたり、新しい役所をこしらへたりなさいました。また、久しい間、武家(ぶけ)の政治(せいぢ)のもとゐになつてゐた大名(だいみやう)もおやめになつて、國中を府(ふ)や縣(けん)に分け、知事(ちじ)を置いて治めさせられました。この頃から、もと朝廷につかへてゐたものや大名は華族(くわぞく)、大名の家來(けらい)は士族(しぞく)、百姓(ひやくしやう)や商人などは平民(へいみん)とよばれるやうになりましたが、朝廷の役人や知事などには、これにかゝはりなく、ひろくすぐれた人々をおとりたてになりました。このやうにして、朝廷のまつりごとが、國のすみずみまで、ゆきわたるやうに
大名のをはり 府縣	
すぐれた人 人のおとりたて	

皇室の御め ぐみ	なりました。この時に定められた府縣がもとになつて、後には、三府四十三縣に分れました。その上、北海道(ほくかいだう)や樺太(からふと)、臺灣(たいわん)や朝鮮にも、皇室の御めぐみがゆきとゞき、今では、さらに南洋(なんやう)や満洲(まんしう)・蒙古(もうこ)・支那(しな)にまで、みいつがかゞやいてゐます。

第二十二　一新(いっしん)のまつりごと(二)

さきに、江戸(えど)の幕府(ばくふ)がヨーロシパやアメリカの國々ときめた約束の中には、わが國に不利なことが少くありませんでした。それで、國民の間に、外國とのまじはりについて、いろいろと論じあふものがありました。しかし、明治天皇(めいぢてんのう)は、まづ何よりも、國の勢を盛にすることが大切であるとおぼしめして、王政復古(わうせいふくこ)をおほせ出されると、すぐに外國と親しいまじはりをする御方針(ごはうしん)をおきめになり、はつきりと、國民に御さとしあらせられました。國力を盛にするのには、ヨーロシパやアメリカの國國の政治(せいぢ)のきまりや産業(さんげふ)などのすぐれたところをとり入れて、よくきまりをとゝのへ、まつりごとのゆきとどくやうにするのが一ばんよいとおぼしめしたからであります。ちやうど、聖徳太子(しやうとくたいし)や天智天皇(てんぢてんのう)が、支那(しな)のすぐれたところをおとり入れになつたおぼしめしと同じであります。そこで、岩倉具視(いはくらともみ)におほせつけて、アメリカやヨーロシパの國々をまはつて、ねんごろにあいさつをさせ、文物(ぶんぶつ)や制度(せいど)をおしらべさせになりました。また、東洋の國々とも、進んでゆききをはじめ、江戸の幕府とまじはりのつゞいてゐた朝鮮(てうせん)とは、あらためて親しいまじはりをむすび、唐(たう)がおとろへてからこのかた、久しくまじはりのたえてゐた支那(しな)とも、親しいまじはりを

おひらきになりました。その頃、支那は、淸(しん)の時代でした。

外國とのまじはり(岩倉具視の出發)

**西洋文物
(ぶんぶつ)
のとり入れ
留學生**

明治天皇(めいぢてんのう)は、岩倉具視(いはくらともみ)を海外におつかはしになる時、大ぜいの留學生(りうがくせい)をつれてゆくやうにさせられました。留學生の中には、まだ幼い少女までも居ました。これから、だんだんヨーロシパやアメリカの國々に出かけて、西洋の學問をまなんで來たり、すぐれた技術(ぎじゅつ)を習つて來たりするものが多くなりました。その上、各國から學問や技術のすぐれたものが、招かれて來ました。そこで、い

**制度文物の
とり入れ**

ろいろの制度(せいど)や文物(ぶんぶつ)がとり入れられました。

世のうつり かはり	そこで、明治天皇(めいぢてんのう)は、大いにこれまで のきまりやならはしをお改めになつて、新しい制度(せい ど)をおつくりになりました。

世のうつりかはり(一)

教育と兵役	今のやうに、どこへ行つても學校があつて、國民がみな 一やうに、進んだ教育(けういく)を受けることのできる もとゐのひらかれたのも、男子がのこらず兵役(へいえ き)について、國のまもりをかためることになつたのも、 この頃からであります。また、古い暦(こよみ)をやめ
新しい暦 祝日や祭日 の定め	て、西洋から來た新しい暦を使ひはじめ、五節供(ごせつ く)がやめられて、新に祝日(しゆくじつ)や祭日(さいじ つ)が定められ、日曜日を休にすることもおこりました。
電信電話郵 便のはじめ	電信(でんしん)・電話(でんわ)や郵便(いうびん)で、たよ りのできるやうになつたのも、新聞で國中の出來事を知
新聞や汽車 汽船	ることのできるやうになつたのも、汽車や汽船の交通が ひらけたのも、銀行や會社や工場ができて商工業(しやう

世のうつりかはり(二)

貨幣のきまり

風俗のうつりかはり

世のうつりかはり

こうげふ)が進んで來たのも、貨幣(くわへい)のきまりがと〻のつたのも、みな、この頃からであります。また、帽子(ばうし)や洋服(やうふく)や靴(くつ)がひろまり、西洋風の建物がたてられ、馬車や人力車(じんりきしや)なども使はれ、風俗(ふうぞく)がたいそうかはりました。これまでさしとめられてゐたキリスト教も、國がらにあはせて説かれるやうになつて、しだいにひろまりました。このやうにして、世の中の有様に、いろいろうつりかはりがあつて、日ましに進んで來ました。

第二十三　憲法(けんぱふ)のかため

明治天皇(めいぢてんのう)は、まつりごとをみそなはすにあたつて、ひろくすぐれた人物をおとりたてになり、大ぜいの意見をきこしめされる御方針(ごはうしん)を重んぜられました。一新(いつしん)の御ちかひにも、この事をお示しになり、このおぼしめしを、つぎつぎに新しいきまりの上におあらはしになりました。國中の知事(ちじ)を東京(とうきやう)に集めて會議(くわいぎ)をおひらきになつたり、地方に府(ふ)・縣會(けんくわい)をつくつて、その地方の人々が選擧(せんきよ)した議員(ぎゐん)に、政治(せいぢ)の相談をさせたりなさいました。また、伊藤博文(いとうひろぶみ)をヨーロシパにつかはして、各國の制度(せいど)や政治の樣子をおしらべさせになつて、いろいろのきまりをおつくりになりました。今のやうに、內閣(ないかく)の大臣(だいじん)が、受持をきめてまつりごとを行ふやうになつたのも、この頃からであります。伊藤博文が、はじめての內閣總理大臣(ないかくそうりだいじん)に任ぜられたのは、今から五十年あまり前のことであります。地方には、市(し)・町(ちやう)・村(そん)の制度(せいど)が設けられて、府や縣のさしづをうけて、その地方の人々が、たがひに相談して治めてゆくきまりになつたのも、この頃からであります。西洋のすぐれてゐるところを、わが國がらにあふやうにおとり入れになつたのであります。昔から、町や村の事は、たいていその地方の人々が相談してきめるならはしで、役

人はそれをとりしまるだけでした。そこで、新しいきまりができると、國民の政治についての考が、すぐに進んで、世の中はよく治りました。さうして、新政(しんせい)はしだいにすゝみ、朝廷のまつりごとは、國中にゆきとゞいて、皇室の御めぐみがひろまりました。

帝國憲法(ていこくけんぱふ)のかため
明治天皇のおぼしめし

明治天皇(めいぢてんのう)は、このやうに、國民の考が進んでゆくのをみそなはして、まつりごとのもとゐをかため、ますます國運を進め、國民のしあはせを增したいと、おぼしめされました。そこで、伊藤博文(いとうひろぶみ)のしらべにもとづいて、ヨーロシパの國々で政治(せいぢ)のもとゐになつてゐる憲法(けんぱふ)を考へあはせて、わが國體(こくたい)にかなつた大日本帝國憲法(だいにつぽんていこくけんぱふ)をお定めになりました。帝國憲法には、まづ、國のはじめから、いつの世にもかはりない國體をお示しになつて、わが國は、天照大神(あまてらすおほみかみ)のおほせのとほりに、萬世一系(ばんせいいつけい)の天皇が、お治めになることを明らかにし、天皇は、天照大神のおぼしめしをおうけつぎになつて、わが國をおすべになる現御神(あきつみかみ)であらせられるわけをあらはしてあります。つぎに、まつりごとについては、法律(はふりつ)をおきめになることも、陸海軍をおすべになることも、外國と戰爭をしたり條約(でうやく)をむすんだりなさることも、みな、このきまりによつて行はせられることが定められてあります。ま

大日本帝國憲法の定め

國體のお示し

萬世一系の天皇

現御神
まつりごとのきまり

臣民の權利	た、私ども臣民(しんみん)を、ひとしく朝廷の役人にお とりたてになることが示され、日常(にちじやう)のくら しについても、財産(ざいさん)をもつことをはじめ、い ろいろの權利(けんり)をおみとめになつたばかりでな
裁判所のき まり	く、裁判所(さいばんしよ)のきまりを立てて保護を加 へ、深く御いつくしみをたれさせられることになつてゐ
臣民の義務	ます。さうして、國のまもりをかためるためには兵役(へ いえき)をつとめ、國の費用を受持つためには稅(ぜい)を 納(をさ)めることが、臣民の義務(ぎむ)として定められて ゐます。なほ、臣民の權利や義務などについては、天皇
帝國議會 法律	が、帝國議會(ていこくぎくわい)で相談をさせられた上 で、法律(はふりつ)として、それぞれくはしいきまりを お立て下さることになつてゐます。明治天皇は、およそ 五十年前、明治二十二年の紀元節(きげんせつ)をおえら びになり、まづ賢所(かしこどころ)を拜し、また、御 代々の天皇のみ靈(たま)に告げさせられ、宮城(きゆうじ やう)の正殿(せいでん)にお出ましになり、ひろく内外の
帝國憲法の 發布	官民を召して、帝國憲法を御發布(ごはつぷ)になりまし た。このやうなありがたいおぼしめしをいただいて、よ ろこびの聲は國中にあふれました。その時、天皇は、別 に皇室典範(くわうしつてんばん)をお定めになつて、皇
皇室典範の きまり	室の御世(おんよ)つぎのことなどについて、くはしいき まりをおたてになりました。帝國憲法と皇室典範とによ
まつりごと のすがた	つて、まつりごとのすがたが、國體にもとづいて、はつ きりと定まり、わが國のもとゐは、いよいよかたくなり

ました。

帝國憲法の發布

帝國議會
(ていこく
ぎくわい)
法律と豫算
貴族院と衆
議院

帝國憲法(ていこくけんぱふ)では、天皇が法律(はふりつ)と國の費用の豫算(よさん)とをおきめになる時には、まづ帝國議會(ていこくぎくわい)で相談をさせられるきまりになつてゐます。議會には貴族院(きぞくゐん)と衆議院(しゆうぎゐん)とがあります。貴族院は、皇族(くわうぞく)や、華族(くわぞく)や、天皇が特別におほせつけられたものが、議員(ぎゐん)になります。衆議院の議員は、國民が選擧(せんきよ)してきめます。明治天皇(めいぢてんのう)は、憲法をお定めになつた翌年に、東京(とうきやう)で第一回の帝國議會をお開きになりました。そ

第一回の帝
國議會
毎年の議會

臨時の議會

れから、毎年一度は、かならず開かれ、また、大きな出來事のあつた時には臨時(りんじ)の議會(ぎくわい)が開かれて、議員は、政治のもとゐになる法律や豫算について、意見をのべ、朝廷のまつりごとをおたすけ申しあげ

帝國議會議事堂 大ぜいの意見をきこしめすおぼしめし 新政のとゝのひ 帝國議會(ていこくぎくわい)の精神 世界の國々の憲法と議會	てゐます。帝國議會は、東京(とうきやう)にある議事堂(ぎじだう)で開かれるきまりになつてゐます。帝國議會ができて、西洋の政治のきまりの中で、一ばん進んだ制度(せいど)が、わが國にとり入れられたばかりでなく、大ぜいのものの意見をきこしめされるおぼしめしは、はつきりとゆきとゞくことになつて、新政(しんせい)はすつかりとゝのひました。  帝國議會議事堂 世界中で進んだ國々には、みな憲法(けんぱふ)があつて、政治(せいぢ)は議會(ぎくわい)の相談できめてゐます。しかし、外國の憲法は、たいてい、國王が權力(けんりよく)をふるふので、國民が相談してむりに定めたり、大統領(だいとうりやう)を選擧(せんきよ)して國を建てる時にきめたりしたものでありますから、議會が國王や大統領と爭つたり、議員(ぎゐん)がお互に勢力爭をしたりすることも、決してめづらしくありません。ところが、

ありがたい おぼしめし とりつぱな 精神	わが國では、帝國憲法が、天皇のありがたいおぼしめして定まり、國民には、先祖(せんぞ)からうけついだ、りつぱな精神があつて、みなまごころこめて忠義をつくさねばならないとこゝろざしてゐますから、帝國議會にも、その心がまへがあらはれて、この制度(せいど)は、どこの國よりも、りつぱに進んで來ました。國の大事(だいじ)にあたつては、思ひきつた法律(はふりつ)や豫算(よさん)をきめ、舉國一致(きよこくいつち)の精神をあらはして、朝廷のまつりごとをおたすけ申しあげたことも、たびたびありました。これは、實にわが帝國議會の特色であります。
舉國一致の 精神	

第二十四　國體(こくたい)のかゞやき(一)

明治天皇(めいぢてんのう)は、まつりごとのすがたを御一新(ごいつしん)あそばすにあたり、わが國もちまへのすぐれた精神を重んじ、神のまつりを御大切になさつて、神の御まもりで、國民が安らかにくらせるやうにとねがはせられ、祭政一致(さいせいいつち)のおぼしめしをお示しになりました。天皇は、東京(とうきやう)に皇居(くわうきよ)をおさだめになると、すぐに今の埼玉縣大宮(さいたまけんおほみや)の氷川神社(ひかはじんじや)に行幸あらせられて、御親謁(ごしんえつ)になりました。また、天皇が新嘗祭(にひなめさい)を行はせられる日には、國民も、みな心をあはせて神々をまつり、穀物(こくもつ)がよくみのり、國中がおだやかに治るやうにおいのらせになりました。さらに、神社の格式(かくしき)を分け、祭の儀式(ぎしき)などについて、くはしいきまりをお定めになりました。天皇は、宮中(きゆうちゆう)に賢所(かしこどころ)・皇靈殿(くわうれいでん)・神殿(しんでん)などをお造りになつて、御先祖(ごせんぞ)の神々や御代々の天皇のみ靈(たま)をおまつりしたばかりでなく、橿原神宮(かしはらじんぐう/神武天皇:じんむてんのう)・宮崎神宮(みやざきじんぐう/同上)・平安神宮(へいあんじんぐう/桓武天皇:くわんむてんのう)や鎌倉宮(かまくらぐう/護良親王:もりながしんのう)などをおたてになりました。國民は、天皇のおぼしめしにならつて、み國にてがらのあつた忠臣(ちゆうしん)を神とあがめて、湊

| 別格官幣社

神をうやまひ祖先をたつとぶ美風

國體のかがやきのもとゐ | 川神社(みなとがはじんじや/楠木正成:くすのきまさしげ)・四條畷神社(しでうなはてじんじや/楠木正行:くすのきまさつら)・藤島神社(ふぢしまじんじや/新田義貞:につたよしさだ)・阿部野神社(あべのじんじや/北畠親房:きたばたけちかふさ・顯家:あきいへ父子)・靈山神社(りやうぜんじんじや/同上)や、建勳神社(たけいさをじんじや/織田信長:おだのぶなが)・豊國神社(とよくにじんじや/豊臣秀吉:とよとみひでよし)などの神社をたて、天皇はこれを別格官幣社(べつかくくわんぺいしや)になさつて、その祭を重んぜられました。そこで、昔からわが國をおまもり下さつた神神のまつりも、いよいよ盛になり、神をうやまひ、祖先(そせん)をたつとぶ美風(びふう)は、ますますひろまつて、國體(こくたい)のかがやきを加へるもとゐになりました。今では、霧島神宮(きりしまじんぐう/瓊瓊杵尊:ににぎのみこと)・鹿兒島神宮(かごしまじんぐう/彦火火出見尊:ひこほほでみのみこと)・近江神宮(あふみじんぐう/天智天皇:てんぢてんのう)・水無瀬神宮(みなせじんぐう/後鳥羽天皇:ごとばてんのう・土御門天皇:つちみかどてんのう・順德天皇:じゆんとくてんのう)・吉野神宮(よしのじんぐう/後醍醐天皇:ごだいごてんのう)・明治神宮(めいぢじんぐう/明治天皇)などの神宮をはじめ、談山神社(たんざんじんじや/藤原鎌足:ふぢはらのかまたり)・護王神社(ごわうじんじや/和氣淸麻呂:わけのきよまろ)・北野神社(きたのじんじや/菅原道眞:すがはらのみちざね)・東照宮(とうせうぐう/德川家康:とくがはいへやす)など、多くの神社もまつられてゐます。 |

神のまつり
のひろまり

靖國神社

さうして臺灣(たいわん)にも樺太(からふと)にも朝鮮に
も、神をまつる風がひろまり、中でも、朝鮮には、朝鮮
神宮(てうせんじんぐう/天照大神・明治天皇)・扶餘神宮
(ふよじんぐう/齋明天皇:さいめいてんのう・天智天皇・
應神天皇:おうじんてんのう・神功皇后:じんぐうくわうご
う)がまつられ、さらに満洲(まんしう)や支那(しな)の各
地にも、つぎつぎに神社ができて來ました。また、明治
天皇は、命をすてて一新のもとゐをひらいた人々のみ魂
(たま)をまつつた東京九段(くだん)の招魂社(せうこんし
や)を別格官幣社に
なさつて、靖國神
社(やすくにじんじ
や)をおたてにな
り、淸(しん)やロ
シヤとの戰など、
み國の大事に身命
をすてた國民は、
身分や職業などに
かゝはりなく、誰
でも一やうに、神
としてまつらせら
れ、大祭(たいさい)
には、たびたびし
たしくおのぞみに
なりました。

靖國神社(今上天皇の行幸)

國民のほまれ 今上天皇の行幸	國民にとつて、この上もないほまれであります。今上天皇(きんじやうてんのう)は、支那事變(しなじへん)に戰死した人々をつぎつぎにまつらせられ、かしこくも、したしく大祭におのぞみになつて、神前(しんぜん)に玉串(たまぐし)をさゝげられました。ありがたいおぼしめしを拜して、國民は、君のため身命をさゝげる覺悟(かくご)をいよいよかたくしました。
教のもとゐ	明治天皇(めいぢてんのう)は、わが國がらのすぐれた所をもとゐにして、西洋の進んだ學問や技術(ぎじゆつ)や制度(せいど)をとり入れ、國民を御みちびきになりました。けれども、國民の中には、西洋のものごとをまなぶ
西洋まなびの熱心	のに熱心なあまり、何事によらず、西洋のものでなければならないやうに考へるものがありました。わが國で
文物のとり入れと國風のあらはれ	は、昔から、海外とゆききして、いろいろの文物(ぶんぶつ)をとり入れ、さらに國風(こくふう)のあらはれたものをつくりあげて、後の世までも傳へてゐます。支那(しな)の學問でも、佛教(ぶつけう)でも、みなわが國體(こくたい)にあふやうに說かれ、また、上手な歌やすぐれた文章も、りつぱな建物も、美しい繪も、巧みな工藝品(こうげいひん)なども、つぎつぎにできて、今日(こんにち)までたくさんのこつてゐます。また、三四百年前から、ま
西洋よりも進んだ研究	だ西洋の學問の進まないうちに、理科や算術などに、今の學者におとらない研究(けんきう)をしとげた人もあつたほどであります。天皇は、憲法(けんぱふ)を定めてま
教のもとゐのお示し	つりごとのもとゐをおかためになつた後、明治二十三年の十月に、勅語(ちよくご)をたまはつて、教のもとゐとし

明治天皇の おぼしめし	て國民の守るべき道をお示しになりました。教育(けういく)に關(くわん)する勅語(ちよくご)と申しあげます。國民に、ますますはつきりと國體(こくたい)をわきまへさせ、國のはじめから、心をあはせて忠義をつくし、いつの世にもかはることのない、先祖(せんぞ)の美風(びふう)
りつぱな心 がまへ	をうけついで、りつぱな心がまへをもたせたいとのおぼしめしからであります。

露もそむかじ(勅語の奉讀式)

國民のめざ め	御いつくしみ深い天皇のおぼしめしをいただいて、國民はめざめました。その後、今日まで五十年あまり、國中の學校で、式(しき)のある度ごとに、かならずこの勅語
勅語の奉讀	を奉讀(ほうどく)いたします。國民は、みな日夜(にちや)み教をよくまもり、「露もそむかじ」とちかつて、心をみがき身を修め、先祖から傳へられたよいところを大切にすると共に、ますます外國のすぐれたところをまなび、
忠良な臣民 の心がけ	忠良(ちゆうりやう)な臣民(しんみん)として、君のため國のため、いつしやうけんめいにつくすことを心がけまし

國運(こくうん)のすゝみ ヨーロシパ人の勢力 東洋平和のみだれ 東洋平和のかため 明治二十七八年戰役 明治三十七八年戰役 條約の改り	た。それ故、國運(こくうん)はいよいよすゝみ、みいつが年と共にかゞやいて來ました。 わが國で、一新(いつしん)のまつりごとがとゝのつてゆく間に、ヨーロシパ人の勢力は、ますます東洋にひろまりました。南からはイギリス・フランス、北からはロシヤが、勢をのばして、インドをとり、淸(しん)にせまり、つひには朝鮮(てうせん)をあやふくして、東洋の平和(へいわ)をみだしました。その上、朝鮮は、淸から屬國(ぞくこく)あつかひをうけて、うちわもめがたえませんでした。わが國は、淸と力をあはせて朝鮮をみちびき、勢をもりかへさせて、東洋の平和をかためようとしました。ところが、淸はかへつて戰をしかけて來て、明治二十七八年戰役(せんえき)がおこり、わが國は、淸をうち負かして、朝鮮を屬國あつかひにするのをやめさせ、臺灣地方(たいわんちはう)をゆづりうけました。その後、ヨーロッパやアメリカの國々は、ますます東洋に勢力をひろめ、中でも、ロシヤは滿洲(まんしう)から朝鮮をおかしたのでまた平和がみだれました。これがために、明治三十七八年戰役がおこり、わが國は、ロシヤと戰つて勝ち、この國が滿洲に持つてゐた鐵道や鑛山(くわうざん)や港などと、さきに千島列島(ちしまれつたう)と取りかへた樺太地方(からふとちはう)とをゆづらせ、朝鮮に手出しをしない約束をさせて、ますます國威(こくゐ)をかゞやかしました。わが國にとつて不利な條約(でうやく)も、その頃、つぎつぎに改められました。

國力の充實 みいつのかがやき 朝鮮の併合 國運のすゝんだわけ 明治天皇のおぼしめし 世界一家の親しみ 國民の忠義 東洋平和のもとゐ	また、文物(ぶんぶつ)や制度(せいど)が進み、産業(さんげふ)も大いにおこつて、國力(こくりよく)は充實(じゆうじつ)しました。このやうにして、わが國は、世界の強國(きやうこく)になり、みいつはひろくかゞやいて、朝鮮や満洲にも及びました。ことに、明治四十三年には、その頃、韓國(かんこく)といつてゐた朝鮮を併合(へいがふ)したので、この地方も、一やうに皇室の御めぐみをいたゞいて、すつかり一體になりました。このやうに、わが國運(こくうん)がすゝんだのは、天皇が、いつも、天照大神(あまてらすおほみかみ)や神武天皇(じんむてんのう)のおぼしめしをうけつがせられ、また、ことむけの精神で、御めぐみをおひろめになり、世界中の人々を一家のやうに親しませようとねがはせられ、國民も、先祖(せんぞ)の氣風(きふう)をうけついで忠義をつくし、みいつをかゞやかしたからであります。したがつて、東洋平和のもとゐも、しだいにかたくなつて來ました。

第二十五　國體のかゞやき(二)

世界の平和
(へいわ)

西洋よりも
進んだとこ
ろ

これまでに
ない盛みな
代
ヨーロツパ
の大戦争

東洋の平和

世界の平和
商工業のさ
かえ

わが國の地
位

明治天皇(めいぢてんのう)が、あけくれまつりごとに大み心をかけさせられ、國民を御みちびきになりましたので、國運(こくうん)のすゝむにつれて、世の中がひらけ、何事にも、わが國もちまへのすぐれたところがあらはれて、學問の研究(けんきう)や機械(きかい)の改良(かいりやう)などにも、西洋より進んだものが、つぎつぎに出て來ました。それで、世界中の人々が、わが國を重んずるやうになり、み位をおつぎあそばした時のおぼしめしのとほりに、これまでにない盛みな代になつて、みいつが世界にかゞやきわたりました。つゞいて第百二十三代大正天皇(たいしやうてんのう)のみ代になると、ヨーロツパで、五年にわたる大戦争がおこり、世界の強國がたいてい加りました。今から三十年近く前のことで、戦亂は、世界中にひろがりました。その頃、わが國は、東洋の平和(へいわ)をたもつために、イギリスと同盟(どうめい)をむすんでゐました。そこで、イギリスとの約束を守つて、味方に立ち、東洋のみだれるのをふせぎました。戦争がはると、世界の國々は、できるだけ、平和のつゞくやうにつとめ、國力をもりかへすために、商工業(しやうこうげふ)を進め、貿易(ばうえき)を盛にすることに力をいれました。それにつれて、汽車や汽船や飛行機などの交通が進歩し、通信(つうしん)も發達し、世界の國々は、ほとんど隣あはせのやうになりました。わが國でも、世界のどこの國にもおとらないくらゐに産業(さ

國々のこみいつた關係	んげふ)がおこり、商工業はにはかに盛になり、國力がますます充實(じゆうじつ)しました。したがつて、わが國の地位はだんだん高まりました。そこで、しぜんと世界の國々との關係がこみいつて來ました。とりわけ、わが國に一ばんかゝはりの深い支那(しな)と太平洋(たいへいやう)とを中心にして、いろいろと國々の間に、利益(りえき)のもつれや、意見のくひちがひがおこりました。それで、世界の國々の注意は、いつもこの方面に向けられ、たびたび會議(くわいぎ)をひらいて、戰爭のおこらないやうにつとめました。わが國は、いつも會議の中心になつて、世界の平和をかためることに力をつくしました。そのうちに、ヨーロツパの大戰爭でおとろへたドイツが勢をもりかへし、また、戰爭の最中(さいちゆう)にうちわもめで國がみだれたロシヤも新に勢をのばして來て、ヨーロツパの國々の關係がもつれはじめ、世界平和のもとゐが、しだいにあやふくなりました。
支那と太平洋	
國々の會議	
世界平和のかため	
世界平和のみだれ	支那(しな)では、淸(しん)がたふれて中華民國(ちゆうくわみんこく)ができてから、およそ三十年にもなりますが、うちわもめがつづいたので、ヨーロツパやアメリカの國々がますます勢をひろめて來ました。イギリスは、わが國との同盟(どうめい)をやめ、フランスと手をたづさへて、支那に勢をひろめ、また、アメリカと相談して、できるだけわが海軍の力をおさへ、太平洋(たいへいやう)に勢をのばさうと、くはだてました。昭和六年に滿洲(まんしう)に事變(じへん)がおこり、わが軍がこの地方をしづめて、滿洲帝國(まんしうていこく)ができると、イ
み國のつとめ	
中華民國と太平洋	
滿洲帝國	

	ギリスやフランスやロシヤは、中華民國で自分をたより にしてゐるものを助けて、わが國にてむかはせたり、満 洲帝國の發展をさまたげたりしました。
支那事變 満洲帝國と の同盟	それで、とうとう昭和十二年の七月に、支那事變(しなじ へん)がおこりました。わが國は、満洲の地方とは切つて も切れない深いえんがあるので、進んで満洲帝國と同盟 をむすび、どこまでも、國のはじめからうけついだ、も ちまへのすぐれた精神にもとづいて、この國をみちび き、力をあはせて東洋の平和(へいわ)をうちたてること につとめてゐます。また、支那事變がおこつてからは、 わが軍が、てむかふものを平げ、したがふものをいつく しんで、陸に海に空に、めざましい活動をつゞけました から、支那にも、みいつがかゞやきました。そこで、蒙
蒙古や支那 で進んだ考 をもつたも の ヨーロツパ やアメリカ の國々の間 がら	古(もうこ)や支那で、進んだ考をもつたものは、わが國 のみちびきによつて、東洋の平和をうちたてたいとねが ふやうになりました。その間に、ヨーロツパやアメリカ の國々の間からは、ますますこみいつて來て、昭和十四 年の九月には、ドイツと、イギリス・フランスとの間に 戰がおこりました。世界の動きが、このやうな有様であ りますから、世界中の人々をみな一家のやうに親しま
わが國のつ とめ	せ、いつの代までも動かない平和のもとゐをきづいて、 人類の幸福をはかることを目ざしてゐる、わが國のつと めは、ますます重くなりました。まづ、一日もはやく支 那の各地をしづめ、進んだ考をもつた人々をみちびき、 中華民國をりつぱな國にして支那をひらけさせ、東洋を一

體にして平和をかため、世界の國々に手本を示さなければならないのであります。

今の大み代になつて、わが國は、このやうな大きいつとめをもつて、めざましい發展をつゞけてゐます。とりわけ、支那事變(しなじへん)がおこつてからは、かしこくも、天皇陛下は、皇祖皇宗(くわうそくわうそう)を御はじめとして、御代々の天皇のおぼしめしをおうけつぎになり、とりわけ、御祖父(ごそふ)明治天皇(めいぢてんのう)、御父大正天皇(たいしやうてんのう)の大み心をおひろめあそばして、內外のまつりごとにおはげみになり、さらに、日夜(にちや)したしく軍(いくさ)の御さしづをもすべさせられました。お召をいたゞいた將兵は、日ごろ養つてゐた義勇奉公の精神をあらはして征途(せいと)にのぼり、りつぱに、み國のめざすところをなしとげたいとねがつて、みな身をすて家をわすれて戰ひました。

舉國一致(銃後のいのり)

國體(こくたい)のかゞやき
今の大み代
支那事變
天皇陛下の御めぐみ

義勇奉公の精神

舉國一致(身をすて家をわすれて)

神の御まもり	銃後(じゆうご)をまもる國民は、あけくれ、神の御まもりをいのつて、身をきたへ心をかため、まごころこめて、めいめいの仕事にはげみ、國力の充實(じゆうじつ)をはかりました。したがつて、學問にも、技術(ぎじゆつ)にも、これまでにない、めざましい發展をとげてゐます。その上、政治(せいぢ)にも、産
國力の充實	
めざましい發展	

舉國一致(銃後のまもり)

業にも、擧國一致(きよこくいつち)の心がまへがあらはれ、國家總動員法(こくかそうどうゐんはふ)がきまると、國民はみなよろこんでこれにしたがひ、ひたすらおごりをいましめ、節約(せつやく)を守り、貿易(ばうえき)を盛にすることに力をつくしてゐます。このやうに、上下一致して、もちまへのすぐれた精神をあらはしてゐるので、世界にたぐひない、わが國體(こくたい)は、ますますかがやきを加へ、大み代はいよいよさかえてゆきます。この大み代に生まれた私ども國民は、國のはじめから、御代々の天皇が御めぐみをたれさせられ、國民が忠義をはげんで國體のひかりをそへて來たいはれをはつきりとわきまへ、先祖の心がけをうけついで、ますますみ國のためにつくさなければなりません。

初等國史 第五學年 終

み代のすがた

み代の順	み代の名	み代のはじめ(紀元年數)	重　な　事　が　ら	年代(紀元年數)
一	神武天皇	元	大和の御ことむけ。 橿原の都。 天皇のみ位のはじめ。 まつりごとの役目のきまりー齋部氏と中臣氏、大伴氏と物部氏。 御先祖の神々のまつり。	元
二	綏靖天皇	八〇		
三	安寧天皇	一一二		
四	懿德天皇	一五一		
五	孝昭天皇	一八六		
六	孝安天皇	二六九		
七	孝靈天皇	三七一		
八	孝元天皇	四四七		
九	開化天皇	五〇三		
一〇	崇神天皇	五六四	天照大神のまつりー神宮のおこり。 神社のきまり。 農業の御すゝめ。	
一一	垂仁天皇	六三二	皇大神宮のはじめー倭姫命。 農業の御すゝめ。	
一二	景行天皇	七三一	日本武尊の熊襲御ことむけ。 日本武尊の蝦夷御ことむけ。	
一三	成務天皇	七九一	琵琶湖のほとりの都。 地方のさかひ。	
一四	仲哀天皇	八五二	神功皇后の新羅御ことむけー三韓とのゆきき。	
一五	應神天皇	八六〇	大阪の都。 海外のまつりごとー新羅・百濟・高麗のお世話。 支那の學問や産業のとり入れ。	
一六	仁德天皇	九七三	大阪の都。	
一七	履中天皇	一〇六〇		
一八	反正天皇	一〇六六		
一九	允恭天皇	一〇七二		
二〇	安康天皇	一一三		
二一	雄略天皇	一一六		
二二	清寧天皇	一三九		

二三	顯宗天皇	一四五		
二四	仁賢天皇	一四八		
二五	武烈天皇	一五八		
二六	繼體天皇	一六七		
二七	安閑天皇	一九一		
二八	宣化天皇	一九五		
二九	欽明天皇	一九九	佛教の傳はり―物部氏と蘇我氏とのあらそひ。	一二一二
三〇	敏達天皇	一二三二		
三一	用明天皇	一二四五		
三二	崇峻天皇	一二四七		
三三	推古天皇	一二五二	聖德太子のまつりごと―改新のもとゐ。 佛教のひろまり。 憲法のお示し。 神のまつりのおすゝめ。 支那とのまじはり―隋とのゆきき。 法隆寺ができた。 隋がほろびて唐がおこつた。	
三四	舒明天皇	一二八九	唐とのまじはり。	
三五	皇極天皇	一三〇二		
三六	孝德天皇	一三〇五	天智天皇(皇太子)のまつりごと―大化の改新―藤原鎌足のてがら。	一三〇五
三七	齊明天皇	一三一五	天智天皇(皇太子)のまつりごと。 蝦夷のことむけ。	
三八	天智天皇	一三二一	新しいきまりのとゝのひ。 百濟・高麗がほろびて新羅がさかんになつた―新羅とのゆきき。	
三九	弘文天皇	一三二一		
四〇	天武天皇	一三三二	銀が掘り出され、錢がつくられた。	
四一	持統天皇	一三四六		
四二	文武天皇	一三五七		
四三	元明天皇	一三六七	銅が掘り出され、錢がつくられた。 奈良の都。 古事記と風土記。	一三七〇
四四	元正天皇	一三七五	日本書紀―舍人親王。	
四五	聖武天皇	一三八四	都のさかえ。 渤海とのゆきき。 藤原氏の皇后―藤原氏のさかえ。 佛教のさかえ―國分寺と東大寺。 金が掘り出された。	

四六	孝謙天皇	一四〇九		
四七	淳仁天皇	一四一八		
四八	稱德天皇	一四二四		
四九	光仁天皇	一四三〇		
五〇	桓武天皇	一四四一	比叡山延暦寺ー傳教大師(最澄)。 京都の都ー平安京。 蝦夷のことむけー征夷大將軍坂上田村麻呂。 傳教大師と弘法大師(空海)が唐に渡つた。	一四五四
五一	平城天皇	一四六六		
五二	嵯峨天皇	一四六九	高野山金剛峯寺ー弘法大師。	
五三	淳和天皇	一四八三		
五四	仁明天皇	一四九三		
五五	文德天皇	一五一〇	藤原氏の太政大臣。	
五六	清和天皇	一五一八	攝政のはじめー藤原氏のさかえ。	
五七	陽成天皇	一五三六	關白のはじめー藤原氏のさかえ。	
五八	光孝天皇	一五四四		
五九	宇多天皇	一五四七	唐とのまじはりがやんだ。	
六〇	醍醐天皇	一五五七	唐がほろびて支那がみだれた。 菅原道眞が重く用ひられた。 五節供のきまり。 遼がおこつて渤海がほろびた。	
六一	朱雀天皇	一五九〇	高麗が新羅をほろぼした。 源氏や平氏が地方の亂を平げた。	
六二	村上天皇	一六〇六		
六三	冷泉天皇	一六二七		
六四	圓融天皇	一六二九	宋が支那を平げた。	
六五	花山天皇	一六四四		
六六	一條天皇	一六四六	藤原氏のおごりーまつりごとのゆるみー地方のみだれ。	
六七	三條天皇	一六七一		
六八	後一條天皇	一六七六	源氏物語ができたー紫式部。 源氏が關東地方の亂を平げた。	
六九	後朱雀天皇	一六九六		
七〇	後冷泉天皇	一七〇五	源賴義・義家が奧羽地方の亂を平げたー源氏の盛になるもとゐ。	
七一	後三條天皇	一七二八	親政のおぼしめしー藤原氏のおとろへはじめーまつりごとのすがたのうつりかはり。	
七二	白河天皇	一七三二		

七三	堀河天皇	一七四六	源義家が奥羽地方の亂を平げたー源氏の盛になるもとゐ。	
七四	鳥羽天皇	一七六七		
七五	崇徳天皇	一七八三	平氏が瀬戸内海の海賊を平げたー平氏の盛になるもとゐ。	
七六	近衛天皇	一八〇一		
七七	後白河天皇	一八一五	源氏や平氏が都にのぼって朝廷の役人にとりたてられた。	
七八	二條天皇	一八一八	平清盛が源氏の勢をうちたふした。	
七九	六條天皇	一八二五	平氏のさかえー太政大臣平清盛。	
八〇	高倉天皇	一八二八	淨土宗のおこりー照陽大師(法然)。	
八一	安徳天皇	一八四〇	平清盛のわがまゝ。 源頼朝のおこりー鎌倉のやしき。 平氏がほろびた。	
八二	後鳥羽天皇	一八四五	親政のおぼしめし。 守護の御ゆるしー源頼朝。 國中のしづめー源頼朝のてがら。 禪宗の傳はり。 征夷大將軍源頼朝ー武士のとりしまりー鎌倉の幕府。	一八五二
八三	土御門天皇	一八五八		
八四	順徳天皇	一八七〇	源氏がほろびたー北條義時の執權ーまつりごとのすがたのうつりかはり。	
八五	仲恭天皇	一八八一	後鳥羽上皇のおぼしめしー朝廷中心のまつりごと。	
八六	後堀河天皇	一八八一	眞宗のおこりー見眞大師(親鸞)。 曹洞宗(禪宗)の傳はりー承陽大師(道元)。 北條氏が幕府のきまりをきびしくした。	
八七	四條天皇	一八九二		
八八	後嵯峨天皇	一九〇二		
八九	後深草天皇	一九〇六	皇族の征夷大將軍。 法華宗のおこりー立正大師(日蓮)。	
九〇	龜山天皇	一九一九	蒙古(元)の使が來た。	
九一	後宇多天皇	一九三四	元寇のおこり。 元が宋をほろぼした。 元寇のをはりー龜山上皇の御いのりー舉國一致ー神風ー國體のさとり。 幕府のおとろへ。	一九四一
九二	伏見天皇	一九四七		
九三	後伏見天皇	一九五八		
九四	後二條天皇	一九六一		
九五	花園天皇	一九六八		

九六	後醍醐天皇	一九七八	親政のおぼしめし。 建武の中興。 楠木正成の忠義ー湊川の戰死。 吉野行宮の行幸ー足利尊氏のふるまひー國中のみだれ。	一九九三 一九九六
九七	後村上天皇	一九九九	楠木正行の忠孝。 北畠親房の忠義ー神皇正統記	
九八	長慶天皇	二〇二八	明がおこつて元がほろびた。	
九九	後龜山天皇	二〇四三	高麗がほろびて朝鮮がおこつた。 京都の都に還幸。	二〇五二
一〇〇	後小松天皇	二〇五二	足利義滿ー京都室町の幕府ー大名まかせの政治。 金閣ー足利義滿。 足利義滿の明とのまじはりー新しい學問や佛教や美術の傳はり。 朝鮮とのゆききー貿易のはんじやう。	
一〇一	稱光天皇	二〇七二		
一〇二	後花園天皇	二〇八八	天皇の征夷大將軍足利義政御いましめ。 江戸城のおこりー太田道灌。	
一〇三	後土御門天皇	二一二四	京都の戰亂のおこりー應仁の亂。 銀閣ー足利義政。 戰亂のひろがりー強いもの勝の勢力あらそひー世のうつりかはり。	二一二七
一〇四	後柏原天皇	二一六〇		
一〇五	後奈良天皇	二一八六	大内義隆の勤王。 ヨーロシパ人のおとづれ。 勤王のまごころ(商人の勤王)。 キリスト教の傳はり。	二二〇三
一〇六	正親町天皇	二二一七	毛利元就の勤王。 織田信長の都入りー皇居の御つくろひ。 安土の城ー織田信長。 天覽の馬揃へー太平のもとゐ。 大阪の城ー豐臣秀吉。 豐臣秀吉が關白にのぼつた。	二二二八
一〇七	後陽成天皇	二二四六	朝廷中心のまつりごとのおぼしめしー宮中の御儀式のしらべ。 豐臣秀吉のほまれー太政大臣豐臣秀吉。 聚樂第行幸。 國中のしづめー豐臣秀吉ー國中一體のすがた。 國威のかがやきー豐臣秀吉のこゝろざしー國民の海外發展。 京都のにぎはひー京都市のもとゐ。 德川家康が大名をしたがへた。 征夷大將軍德川家康ー江戸の幕府ー東京市のもとゐー太平の世。	二二五〇
一〇八	後水尾天皇	二二七一	國風のあらはれた學問の御すゝめ。	
一〇九	明正天皇	二二八九	海外とのゆききのさしとめーキリスト教の根だやしー征	

			夷大將軍德川家光。	
一〇	後光明天皇	二三〇三	新政のおぼしめし－學問の御すゝめ。 學問の進み－山崎闇齋。	
一一	後西天皇	二三一四	德川光圀の國史編纂－國體のさとり。 明がほろびて清が支那に入つた。	
一二	靈元天皇	二三三二		
一三	東山天皇	二三四七		
一四	中御門天皇	二三六九		
一五	櫻町天皇	二三九五	大嘗祭・新嘗祭のためし。	
一六	桃園天皇	二四〇七	國史や國文の研究－國學の進み－賀茂眞淵。 勤王のまごころ－竹内式部。	
一七	後櫻町天皇	二四二二		
一八	後桃園天皇	二四三〇		
一九	光格天皇	二四三九	學習院のもとゐ。 古事記傳－本居宣長。 ロシヤ人が樺太や千島に來た－海のまもり。 イギリス人が長崎に來た。	
二〇	仁孝天皇	二四七七	外國船の打拂ひ。	
二一	孝明天皇	二五〇六	みいつのかゞやき－天皇の江戸の幕府御いましめ。 アメリカの使が來た。 幕府とアメリカやヨーロシパの國々とのまじはり。 幕府うちたふしの論。 まつりごとのすがたのうつりかはり－征夷大將軍德川家茂のお召。	二五一八
二二	明治天皇	二五二七	德川慶喜の御ねがひ－幕府政治のをはり。 王政復古。 (明治元年)一新の御ちかひ－一新のまつりごと－大政御一新(明治維新)。 東京の都－東京行幸。 (二年)大名のをはり。 鎌倉宮ができた。 (四年)府縣のきまり。 清とのまじはり。 ヨーロシパやアメリカの國々とのまじはり－岩倉具視の出發。 神社のきまり。 宮中に賢所・皇靈殿ができた。 祝日・祭日のきまり。 (五年)宮中に神殿ができた。 湊川神社・建勳神社ができた。 新しい暦のきまり－紀元のきまり。 汽車のはじめ。 (六年)紀元節の定め。 兵役のきまり。	二五二七 二五二八

			(八年)宮崎神宮ができた。 府縣知事の會議のはじめ。 (九年)朝鮮とのまじはり。 (十二年)府縣會のはじめ。 靖國神社ができた。 (十三年)豐國神社ができた。 (十八年)内閣のきまりができたー内閣總理大臣伊藤博文。 (二十一年)市・町・村のきまりができた。 (二十二年)皇室典範のさだめ。 帝國憲法の發布ーまつりごとのもとゐ。 橿原神宮・吉野神宮ができた。 (二十三年)教育に關する勅語ー敎のもとゐ。 第一回帝國議會。 (二十七年)條約改めの約束ーイギリス。 清との戰爭ー明治二十七八年戰役。 (二十八年)清から臺灣をゆづりうけた。 平安神宮ができた。 (三十年)朝鮮が國の名を韓と改めた。 (三十一、二年)ヨーロシパの國々が支那に勢をひろめた。 (三十五年)イギリスとの同盟。 (三十七年)ロシヤとの戰爭ー明治三十七八年戰役。 (三十八年)ロシヤから樺太と滿洲の鐵道などとをゆづりうけた。 (四十三年)朝鮮の併合ー韓國併合。 (四十五年)清がほろびて中華民國がおこつた。	二五四五 二五四九
一三	大正天皇 たいしやう	二五七二	(大正三年)ヨーロシパの大戰爭ードイツとの戰爭。 (六年)ロシヤにうちわもめがおこつた。 (八年)ヨーロッパ大戰爭のをはりーわが國の地位が高まつた。 (十、十一年)世界平和のための國々の會議ー支那と太平洋とでのもつれ。	
一四	今上天皇 きんじやう	二五八六	(昭和元年)踐祚。 (三年)卽位の禮と大嘗祭。 (四年)皇大神宮御建物のお造りかへ。 (六年)滿洲の事變。 (七年)滿洲國と同盟ー一家の親しみ。 (九年)滿洲國が帝國になつた。 (十二年)支那事變ー大本營ー支那のことむけー國體のかゞやきー蒙古や支那と一家の親しみー擧國一致。 (十四年)ドイツとイギリス・フランスとの戰爭。 (昭和十五年)	 二六〇〇

昭和十五年三月二十八日飜刻印刷
昭和十五年三月三十一日飜刻發行

著作權所有

發行所

國史五年 卷

定價金二十七錢

著作兼發行者 京城府大島町三十八番地 朝鮮總督府

翻刻發行兼印刷者 京城府大島町三十八番地 朝鮮書籍印刷株式會社 代表者 井上主計

京城府大島町三十八番地 朝鮮書籍印刷株式會社

朝鮮總督府 編纂 (1941)

「初等國史」

(第六學年)

初等國史 第六學年

朝鮮總督府

目錄

挿畫と地圖

　　海の幸山の幸(風土のめぐみ)

　　石器(斧・矢じり・はうちやう)

　　遠い昔の生活

　　土器のいろいろ

　　古墳の遺物(曲玉・耳飾・鈴鏡)

　　埴輪(男と女)

　　昔の家

　　みいつのひかり…(地圖)

　　支那文化の進み…(地圖)

　　樂浪郡の遺物(漢の文化)

　　三韓…(地圖)

　　高麗の風俗(狩の樣子)

　　新羅の風俗(黃金の冠)

　　百濟の遺跡(扶餘の寺址)

　　外宮(豐受大神宮)

　　法隆寺の遺物(佛像)

　　扶餘

　　國のまじはり(遣唐使)

　　遣唐使のゆきき…(地圖)

　　みいつのかゞやき…(地圖)

　　正倉院の御物

　　文化の寶庫(正倉院)

　　博多のにぎはひ…(地圖)

　　國風のほこり(東大寺の雁然)

　　工藝の進み(扇)

　　元のいきほひ…(地圖)

　　三浦のにぎはひ(釜山浦)

世界のうつりかはり…(地圖)

少年使節のローマ入り

文祿慶長の役…(地圖)

碧蹄の戰

釜山貿易のにぎはひ(和館)

海上發展(朱印船の貿易)

南方發展…(地圖)

國民の海外發展(インドシナ半島の日本町)

オランダ人の貿易

發展のもとゐ…(地圖)

貨幣のいろいろ(商業の進み)

製絲の發展

世界のうごき…(地圖)

海のまもり(伊能忠敬の測量)

國土のまもり(江川英龍の反射爐)

國民の目ざめ(アメリカの使)

明治二十七八年戰役…(地圖)

平和のみだれ…(地圖)

明治三十七八年戰役…(地圖)

奉天の戰(入城式)

日本海の海戰(旗艦三笠)

親しいまじはり(皇太子の朝鮮行啓)

內鮮一體のまごころ(皇國臣民誓詞之柱)

內鮮一體(朝鮮神宮・國民總力朝鮮聯盟・陸軍兵志願者・農業の發達・工業の
發展)

御平癒のお祈り

大正天皇

南洋群島の地位…(地圖)

皇太子の海外行啓(ロンドンの奉迎)

世界のきそひ(支那の鐵道)…(地圖)

皇太后の御いつくしみ

工業の發展(製鐵)

工業の發展(綿絲の紡績)

工業の發展(汽車の製造)

工業の發展(自動車の製造)

貿易のさかえ(商船の航路·輸出·輸入)…(地圖)

満洲皇帝の御來訪

八紘一宇(満洲帝國の建國神廟)

支那事変…(地圖)

空のきそひ(重爆撃機の雄姿)

國防のかため(太平洋のまもり)

豐葦原(とよあしはら)の千五百秋(ちいほあき)の瑞穗(みづほ)の國(くに)は、是(こ)れ吾(あ)が子孫(うみのこ)の王(きみ)たるべき地(くに)なり。よろしく、爾皇孫(いましすめみま)、就(ゆ)きて治(しら)せ。さきくませ。寶祚(あまつひつぎ)の隆(さか)えまさんこと、まさに天壤(あめつち)と窮(きはま)りなかるべし。

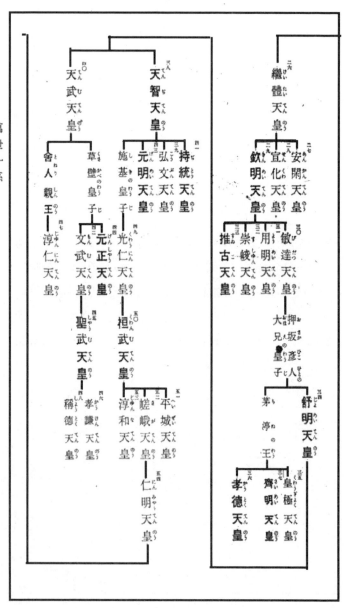

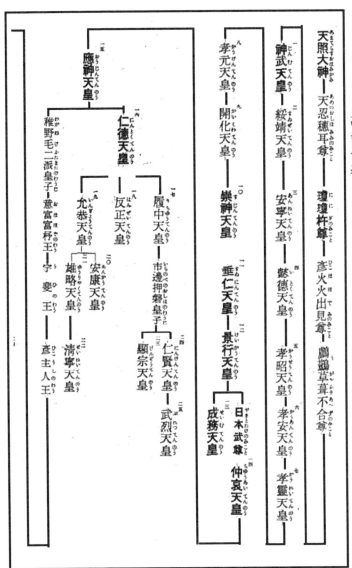

萬世一系

天照大神　天忍穗耳尊　瓊瓊杵尊　彦火火出見尊　鸕鶿草葺不合尊

（一）神武天皇　（二）綏靖天皇　（三）安寧天皇　（四）懿德天皇　（五）孝昭天皇　（六）孝安天皇　（七）孝靈天皇

（八）孝元天皇　（九）開化天皇　（一〇）崇神天皇　（一一）垂仁天皇　（一二）景行天皇　（一三）成務天皇　日本武尊　（一四）仲哀天皇

（一五）應神天皇　（一六）仁德天皇

稚野毛二派皇子　意富富杼王　宇斐王　彦主人王

（一七）履中天皇　市邊押磐皇子　（二三）仁賢天皇　（二四）顯宗天皇

（一八）反正天皇

（一九）允恭天皇　（二〇）安康天皇　（二一）雄略天皇　（二二）清寧天皇

（二五）武烈天皇

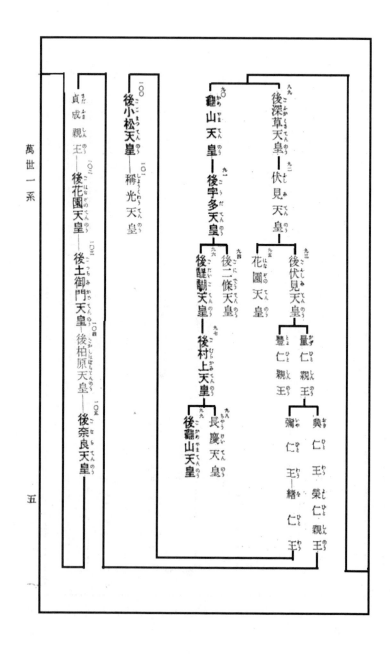

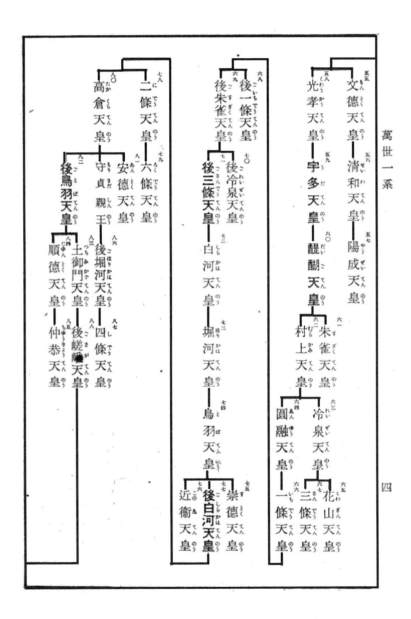

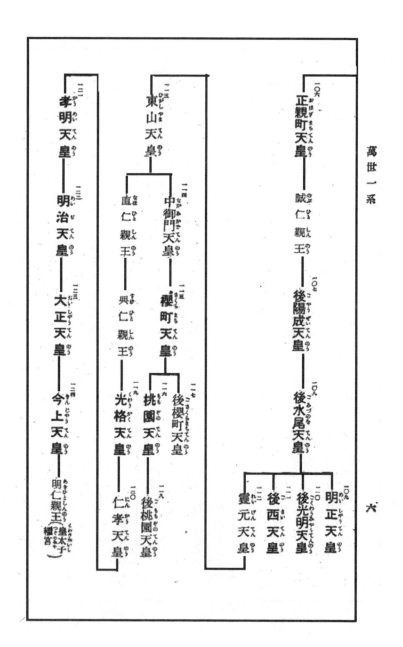

初等國史　第六學年

第一　皇國の目あて

八紘一字
(はつくわ
ういちう)
の理想(り
さう)
　人類の幸福
と永遠の平
和
　皇國臣民の
ほこり

わが大日本帝國は、つねに八紘一字(はつくわういちう)の理想(りさう)を目あてに進んでゐます。それで、世界中の人々が一體になつて親しみ、互に助けあつて安らかな生活を營み、人類の幸福をはかり、永遠の平和をうちたてることをねがつてゐます。これは、私ども皇國臣民のほこりであり、また、世界中の人々ののぞみであります。ところが、世界の國々の中には、自分の國のためだけをはかつてゐるものが少なくないので、とかく平和がみだされがちであります。そこで、わが國は、世界中の

りつぱな世
界の建設

國々が、みな同じやうに八紘一字の理想を目あてに、互に力をあはせて進み、一日も早く、りつぱな世界を建設(けんせつ)するやうにしたいと考へて、國々をみちびくことにつとめてゐます。

國運(こく
うん)の進
み
　天業恢弘の
おぼしめし
　皇運扶翼の
まごころ
　國力の充實

わが國は、國のはじめから、このりつぱな理想(りさう)を目ざしてゐました。御代々の天皇は、天業恢弘(てんげふくわいこう)のおぼしめしで御めぐみをおひろめになりました。國民は、ひたすら皇運扶翼(くわううんふよく)のまごころをつくしました。それで、産業はおこり、文化は進んで、國力は充實して來ました。世界の國々とのゆききはひらけ、貿易はさかえ、國の勢が盛になりました。國威(こくゐ)はかゞやいて、わが國の地位はしだい

地位の高まり 國體のかゞやき 世界の目ざめ	に高まつてゆきました。このやうにして、わが國運(こくうん)は進み、國體はいよいよかゞやきを加へ、皇國の目あてはますます明らかになり、今や東亞の國々は、わが國を中心として一體にならうとし、世界の國々も、やうやく目ざめて、わが國と力をあはせようとしてゐます。

第二　皇室の御めぐみ

風土(ふうど)のめぐみ
　風土のもとゐ

わが大日本帝國は、本州・四國・九州をはじめ、淡路(あはぢ)・壹岐(いき)・對馬(つしま)・隱岐(おき)・佐渡(さど)などの島々が、國土のもとゐになつてゐます。四面に海をめぐらし、山のすがたは美しく、川の流は淸く、野山に草木はしげつて景色がよく、また氣候は暖く、雨量(うりやう)もほどよく、土地がたいそうこえてゐます。

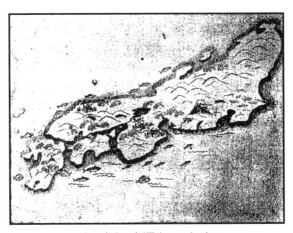

海の幸山の幸(風土のめぐみ)

美しい風土

文化のひらけはじめ

各地の有様

この美しい風土(ふうど)にめぐまれて海(うみ)の幸(さち)、山(やま)の幸(さち)が多いので、至るところに村村ができて、文化がひらけはじめました。中でも、今の奈良縣(ならけん)や島根縣(しまねけん)や九州地方などが、早くからひらけてゐました。けれども、はじめは、各地まちまちでまとまりがなく、村々のかしらになるものが

皇室のめぐみ 御ことむけ	互に勢を爭つてゐたために、人々は安らかにくらすことができませんでした。また、蝦夷(えぞ)などのやうに、ことばや風俗(ふうぞく)のちがふものも、方々に入りまじつてゐました。 第一代神武天皇(じんむてんのう)が大和(やまと)に都をさだめて、わが國のもとゐをおかためになつてから、御代々の天皇が、つぎつぎに各地を御ことむけになり、み
國土の開發	いつのひかりがかゞやき、御めぐみがひろまるにつれて、國土は開發されてゆきました。みいつになびいた地方は、天皇が皇族方をおつかはしになつたり、その地方をひらいたてがらのあるものをおとりたてになつたりして、治めさせられましたから、まつりごとがゆきとゞいて、ど
皇室の御めぐみ	こも一やうに皇室の御めぐみにうるほひ、人々は安らかな生活ができるやうになりました。また、蝦夷(えぞ)なども、わけへだてのない御いつくしみをいただいて、一體になつてゆきました。
文化の進み 遠い昔の生活	遠い昔、文化のひらけはじめには、人々は石の斧(をの)や、石の矢じりのついた矢をたづさへて山野に狩をしたり、獸の骨で作つた釣針などで魚をとつたり、また貝を拾つたりして食物を集め、壺(つぼ)や鉢(はち)や皿など、いろいろの形をした土器(どき)を使つて生活を營んでゐ
石から金屬へ	ました。やがて、石や骨の代りに金屬(きんぞく)を使ふことが知られて、まづ銅や靑銅(せいどう)を使ひ、つゞいて鐵を使ふやうになつて、器具の作り方なども進みました。

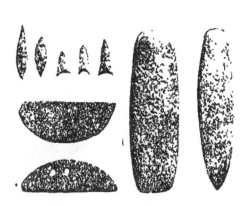

石器(せきき)(斧・矢じり・はうちやう)

農業のおこり

文化の進み

さうして、農業もおこり、いろいろの穀物が作られて、生活がゆたかになりました。ことに、皇室の御めぐみがひろまるにつれて、産業が發達し、文化はたいそう進みました。

遠い昔の生活

土器のいろいろ

石器や土器	このやうにして、世の中の進んで來た有様は、今、貝塚（かひづか）などから見出される石器(せきき)・土器の類や、古墳(こふん)などから掘出される遺物(ゐぶつ)によつても、知ることができます。とりわけ、古墳からは、曲
古墳の遺物	玉(まがたま)や管玉(くだたま)などの装飾品(さうしよくひん)や、鏡・劒・甲冑(かつちう)などが出たり、いろいろの形をした埴輪(はにわ)があらはれたりして、當時の
わが國もちまへのすぐれたところ	人々の生活がしのばれます。中には、なかなかりつぱなものがあつて、わが國もちまへのすぐれたところがあら

はれてゐます。さう
して、皇室の御めぐ
みをいたゞいて國民
が安らかにくらせる
やうになると、ます
ますみがきあげられ
てゆきました。

埴輪(男と女)　　古墳の遺物(曲玉・耳飾・鈴鏡)

みいつのひかり	わが國の國土のもとゐになつた島々は、アジヤ大陸の東に沿つてならんでゐる日本列島(にほんれつたう)の中心を占め、大
大陸とのゆきき	陸との距離(きより)が近く、潮(しほ)の流や、風の向きなどもゆききに都合がよいので、遠い昔から深い關係(くわんけい)がむすばれてゐました。したがつて、大陸の各地におこつた文化が、つぎつぎに
文化の傳はり	傳はつて來て、文化の

昔の家

進みに役立ちました。石器(せきき)や土器(どき)などを使つてゐた時代から、進んで銅器(どうき)や靑銅器(せいどうき)、さらに鐵器(てつき)の時代にうつつてゆく有樣な

大陸のうつりかはり	ども、大陸のうつりかはりと密接なつながりがあります。さうして、九州から壹岐(いき)や對馬(つしま)などを
一ばんひらけた交通路	つたつて朝鮮に渡り、さらに支那とゆききする交通路が一ばんひらけてゐたので、みいつのひかりは、まづ海をこえて朝鮮にかゞやきました。そこで、ゆききはますますしげくなり、やがて、支那と國のまじはりがひらけ、

國のはじは り ヨーロッパ やアメリカ とのゆきき み國のさか え	いろいろの文化が傳はつて、しだいによいところがとり入れられ、わが國の文化は、いよいよみがきあげられました。後になつて、ヨーロッパやアメリカなどの國々ともゆききがひらけて、世界のすぐれたところをとり入れ、りつぱな文化がつくり上げられて、國運(こくうん)が進みました。さうして、今では、皇室の御めぐみが東亞の各地にひろまり、みいつのひかりはしだいに遠くかゞやきわたつて、み國は年と共にさかえてゆきます。

第三 海外(かいぐわい)のまつりごと(一)

任那(みまな)のまつりごと
　朝鮮のひらけはじめ

昔、朝鮮では、南部に韓人(かんじん)、北部には満洲人が住み、西からは支那人、南からはわが國の人々がまじつてゆきました。さうして、川の流に沿つた所や、海にのぞんだ地方に、村々ができてゐました。とりわけ、南部は、氣候もよく、地味もこえてゐるので、早くからひらけ、また、金銀や鐵などがとれたので、わが國や支那に知られてゐました。

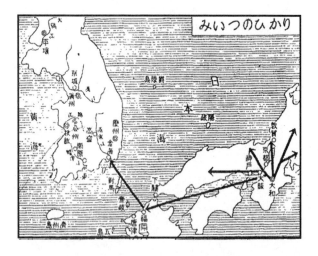

みいつのかがやき

やがて、みいつがかゞやいて、今の洛東江(らくとうかう)や蟾津江(せんしんかう)・錦江(きんかう)の流域(りうゐき)には、皇室の御めぐみがひろまりました。この地方は、小さな國々に分かれてゐて、今の金海(きんかい/慶尚南道)にあつた任那(みまな)といふ國が中心でしたから、任那とよばれました。天皇は、みこともちといふ役

任那のみこともち

朝鮮支那とのゆきき	人をおつかはしになつて、この地方を治めさせられ、國々は、みな皇室をしたつて、いろいろのみつぎものをたてまつりました。 その頃、今の平安南・北道から南満洲のあたりには、支那人が多く、平壤(へいじやう/平安南道)を中心にして、朝鮮といふ國ができてゐましたが、支那におこつた漢(かん)といふ國に攻めほろぼされました。さうして、平壤の
漢の樂浪郡	あたりには、漢の樂浪郡(らくらうぐん)が置かれました。わが國からは、この郡にゆききするものが多く、し
朝鮮支那とのゆきき	まひには、漢の都とゆききがひらけました。このやうにして、わが國と朝鮮・支那とのゆききがしげくなつて、ますます深い關系がむすばれてゆきました。
支那文化の流	東亞の各地のゆききがひらけるにつれて、支那文化の流がひろまり、わが國にもとり入れられて、世の中がたい
支那文化のとり入れ	そう進みました。支那は、世界で一ばん早くひらけた地方の一つで、今から五千年も前に、黄河(くわうが)の流
文明の光	域(りうゐき)から文明の光がさしそめて、しだいに揚子江(やうすかう)の流域に及びました。その上、まはりの各地でおこつた文化をとり入れてひらけました。はじめ支那には、多くの國々がありましたが、だんだんにまと
支那の統一	まつて、秦(しん)といふ國が統一(とういつ)しました。間もなく秦はほろび、漢(かん)がおこつて四百年餘りもさかえ、遠く中央アジヤから、イランやインドをはじめ、さらに西の方までも、海陸のゆききがひらけ、佛教など
支那文化の進み	が傳はつたので、支那の文化はいよいよ進みました。

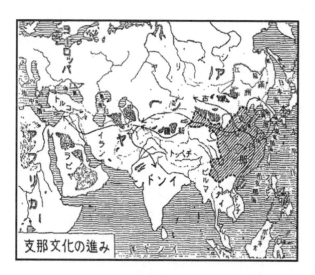

支那文化の進み

文字が今日のやうな形になつたのも、紙が發明されたのも、漢の時で、支那の學問や制度のもとゐは、たいていこの頃にきづかれました。また、工藝などが進んだことは、今、樂浪郡(らくらうぐん)の遺跡(ゐせき)から見出される鏡や漆器(しつき)や織物などによつても、知ることができます。

樂浪郡の遺物(漢の文化)

漢の文化の ひろまり	このやうに進んだ漢の文化は、しだいにまはりの地方に ひろまつて、大いに東亞の國々の文化を發展させまし た。今日でも、支那の文字や文や學問が、漢字・漢文・ 漢學とよばれてゐることによつても、どんなに漢の文化 が、後の時代まで深い關係をもつてゐるかが、よくわか ります。

第四　海外(かいぐわい)のまつりごと(二)

大陸のうつ
りかはり
支那のうつ
りかはり

大陸では、漢(かん)がほろびた後、形勢がたいそうかはつて來ました。支那の統一(とういつ)がみだれて、四百年ほどの間は、滿洲や蒙古(もうこ)やチベットなどの人々がはいつて國をたてたり、南と北に分かれて對立したりして、互に勢を爭つてゐました。けれども、その間に文化が大いに進み、ことに佛教がたいそうひろまつて、お經(きやう)が漢文に譯(やく)されたり、りつぱな佛像が造られたりして、佛教が、わが國や朝鮮の國々などに、支那の文化と共にひろまつて來るもとゐができてゆ

佛教のひろ
まるもとゐ

高麗と百濟
と新羅のお
こり

きました。その頃、朝鮮では、高麗(こま)・百濟(くだら)・新羅(しらぎ)の三韓(みつのからくに)が、つぎつぎにおこりました。高麗は、滿洲にゐた扶餘人(ふよじん)のたてた國で、鴨祿江(あふりよくかう)の流域(りうゐき)にはいつて強くなり、しだい

に北部朝鮮に勢をひろめて來ました。

高麗の風俗(ふうぞく)(狩の樣子)

新羅の風俗(黃金(こがね)の冠)

やがて、高麗の國王の一族が、今の廣州(くわうしう/京畿道)に據つて百濟をおこしました。さうして、北と南から、その頃まで支那で治めてゐた地方をあはせたので、支那の文化が、高麗と百濟にひろまりました。つづいて、今の慶州(けいしう/慶尚北道)から新羅がおこりました。高麗も百濟も新羅も、支那の國々とゆききして、學問や制度や佛教を傳

高麗百濟新羅の爭

みいつのか がやき	へ、文化はしだいに進みましたが、互に勢を爭ひつゞけ、久しい間、ほとんど戰のたえまがありませんでした。神功皇后(じんぐうくわうごう)が新羅を御ことむけになつてから、みいつはますます朝鮮にかゞやき、わが國は、三韓をしづめることに力をつくしてゐたので、關係(くわんけい)がいよいよ深くなりました。それにつれて、わが國と朝鮮や支那とのゆききは、たいそうしげくなり、進んだ文化がわが國に傳はつて來ました。
支那や朝鮮 とのゆきき	
海外(かい ぐわい)の まつりごと 新羅と百濟 のお世話	新羅(しらぎ)と百濟(くだら)がみいつになびくと、御代々の天皇は、この國國がよく治つて、人民が安らかにくらせるやうにしたいとおぼしめしになり、任那(みまな)と同じやうに、お世話をなさいました。新羅や百濟からは、絹織物や鐵などをはじめ、珍しい產物をみつぎものとしてたてまつり、王子が來て朝廷に仕へてゐました。
高麗とのゆ きき	また高麗(こま)も、みつぎものをたてまつつたり、わが國の使が支那にゆききするのを案内したりしました。このやうにして、わが國と朝鮮の國々とは、たいそう親しみが深くなり、わが國のまつりごとは、任那をもとゐにして、海外(かいぐわい)にひろまりました。
朝鮮の國々 との親しみ	
百濟(くだ ら)の親し み	三韓(みつのからくに)の中で、とりわけ百濟(くだら)は、わが國と親しみが深くなりました。百濟は、皇室の御めぐみをいたゞいて勢をひろめ、任那(みまな)と力をあはせて、まつりごとのゆきとゞくやうにつくしてゐました。第十五代應神天皇(おうじんてんのう)は、將軍をお
應神天皇仁 德天皇の御 めぐみ	

雄略天皇の 御いつくし み 高麗の勢 扶餘の百済	つかはしになり、今の全羅南道の地方を平げて百済にた まはり、第十六代仁徳天皇(にんとくてんのう)は、百済 に役人をおやりになつて、産物をしらべ、地方わけを とゝのへさせられました。ことに、第二十一代雄略天皇 (ゆうりやくてんのう)は、百済の都が高麗(こま)に攻めお とされた時、わが國で治めてゐた錦江流域(きんかうりう ゐき)の公州(こうしう/忠清南道)を百済にたまはつて都を たて、まもり神をまつつて勢をもりかへすやうにさせら れました。その頃、高麗は、北は南満洲、東は間島(かん たう)の地方を従

へ、南は漢江(か
んかう)流域まで
勢をのばして、
都を平壌(へいじ
やう)にうつしま
した。百済は、
わが國のたすけ
で、やうやく防
ぎとめることが
できましたが、

百済の遺跡(扶餘の寺址)

やがて、錦江の下流にのぞみ、わが國や支那とのゆきき
に便利な扶餘(ふよ/忠清南道)に都をうつしました。さう
して、ひきつゞき朝廷にたより、高麗・新羅(しらぎ)が
攻めこむのを防ぎながら、支那の進んだ文化をとり入れ
ました。中でも、佛教がさかえたことは、扶餘や公州の

百濟の佛教	遺跡(ゐせき)・遺物(ゐぶつ)でしのぶことができます。さうして、佛教は、第二十九代欽明天皇(きんめいてんのう)のみ代に、百濟からわが國に傳へられました。
文化の進み學問や産業のとり入れ	海外(かいぐわい)とのゆききがしげくなると、御代々の天皇は、支那や朝鮮から、進んだ學問や産業をおとり入れになつて、わが國のすぐれたもちまへをみがきあげ、國民の生活がゆたかになるやうに、大み心をかけさせら
御代々の天皇の大み心	れました。應神天皇(おうじんてんのう)や仁德天皇(にんとくてんのう)のみ代に、たいそう世の中がひらけ、國運が進んだことは、御陵(ごりよう)の規模(きぼ)がとりわけ大きいのを拜しただけでも、はつきりとわかります。

外宮(豐受大神宮:とようけだいじんぐう)

また、雄略天皇(ゆうりやくてんのう)は、皇大神宮(くわうだいじんぐう)の近くに神宮をおたてになり、農業のま

外宮のおこり 産業の進み	もり神として、豊受大神(とようけのおほかみ)をまつら せられて、今の外宮(げくう)をおはじめになり、また、 南支那から機織(はたおり)や裁縫(さいほう)に巧みなもの を招いて、産業の進みをおはかりになりました。それ で、とりわけ養蠶(やうさん)がたいそうひろまり、みつ ぎものとしてをさめられた絹織物は、朝廷にうづたかく 積みあげられました。やがて、欽明天皇(きんめいてんの う)のみ代からは、佛教がしだいにひろまり、僧などが海 外とゆききして、さらに新しい文化を傳へました。その 頃、朝鮮では、新羅(しらぎ)がますます強くなつて、任 那(みまな)の國々をあはせ、高麗(こま)や百濟(くだら)を 攻めやぶり、支那とのゆききを盛にし、佛教をひろめ て、國がたいそうさかえて來ました。朝廷では、任那の 國々をもとのとほりにもりたてようとなさいましたが、 そのかひがなくて、わが國は、久しくつゞいた海外のま つりごとのもとゐをうしなひました。しかし、大陸の形 勢がまたうつりかはるにつれて、支那や朝鮮とのゆきき は、さらにしげくなりました。支那では、隋(ずゐ)がお こり、久しくみだれてゐた支那を統一(とういつ)して、 しだいに高麗にせまつて來ました。新羅は、百濟をおさ へて強くなりました。そこで、高麗や百濟は、わが國に たよつて來て、いよいよ親しみが深くなり、新羅も、昔 のやうにゆききをつゞけてゐたので、いろいろの文化が 傳はりました。とりわけ、第三十三代推古天皇(すゐこて んのう)のみ代からは、支那の學問や制度をとり入れ、ま
佛教のひろまり 新羅のさかえ 任那のをはり	
大陸のうつりかはり	
高麗百濟新羅とのゆきき 文化の傳はり	

法隆寺の遺物(佛像)

文化の進み

法隆寺の遺
物

た佛教をひろめることに力をおつくしになつたので、文化がたいそう進みました。建築や彫刻(てうこく)や繪畫(くわいぐわ)なども、廣く世界文化の流を汲みとつて、大いに進歩したことは、今も、法隆寺(ほふりゆうじ)に傳はつてゐる、建物や壁畫(へきぐわ)や佛像などのりつぱな遺物(ゐぶつ)によつて、まのあたりに見ることができます。

第五 國のまじはり(一)

わが國と支那とは、早くからゆききがひらけてゐました
が、國のまじはりは、推古天皇(すゐこてんのう)のみ代
におこりました。天皇は、隋(ずゐ)の文化がたいそう進
んでゐるので、これをとり入れようとおぼしめしになり
ました。そこで、小野妹子(をののいもこ)らを使にえら
んで隋につかはし、國のまじはりをおひらきになりまし
た。わが國の外交(ぐわいかう)のはじめであります。天
皇は、この時隋にお送りになつたお手紙に「日出づる處の
天子(てんし)、書を日沒(い)る處の天子にいたす、恙
(つつが)なきや。」とおしるしになりました。支那では、
昔から自分の國を、中國(ちゆうごく)、または中華(ちゆ
うくわ)ととなへて、世界の中心で、一ばんひらけた所と
考へ、文化の進んでゐるのをほこりとし、天の命を受け
て世界を支配するものが天子であるといつて、まはりの
國々は、みな屬國(ぞくこく)あつかひにしてゐました。
したがつて、わが國を對等(たいとう)の國とは思つてゐ
ませんでした。とりわけ、隋は勢が盛で、屬國になつて
ゆききしてゐるものがたくさんありました。そこで、隋
の皇帝(くわうてい)は、わが國の手紙に、天子とあるの
を見て、たいそう驚きましたが、その意氣の盛なのをあ
やしみ、さつそく使をよこして答禮(たふれい)し、わが
國の樣子をさぐらせました。わが國では、隋の使をむか
へて、ねんごろにもてなしました。さうして、さらに、

隋とのまじはり	妹子をつかはしてその使を送らせました。このやうにして、わが國がらがすぐれ、文化の進んでゐることが隋にわかつて、親しいまじはりがむすばれ、支那は、これからわが國をたいそう重んずるやうになつて、互にゆききがつゞきました。そこで、朝廷では、留學生をおやりになつて、支那の學問を學んだり、政治の有樣をしらべたりさせられましたから、しだいに天皇のおぼしめしのとほりに、進んだ文化がとり入れられました。このやうにして、勢の盛な隋とまじはつて國威(こくゐ)をかゞやかし、國のさかえるもとゐをきづくことができました。その頃、聖德太子(しやうとくたいし)は、天皇をおたすけ申しあげて、大きな御てがらをおたてになりました。
文化のとり入れ	
聖德太子の御てがら	
唐(たう)とのまじはり 隋から唐へ	隋(ずゐ)は、わが國とまじはりをひらいた頃、大軍を動かして高麗(こま)を攻め、失敗したために國がみだれ、間もなくほろびました。やがて、唐(たう)がおこつて、支那を統一(とういつ)し、隋にもまして盛な國になりました。推古天皇(すゐこてんのう)のみ代の末に、支那から歸つた留學生たちは、唐が制度のとゝのつた國であるから、ゆききをつゞけなければならないととなへました。そこで、第三十四代舒明天皇(じよめいてんのう)は、使をつかはして、唐とまじはりをおひらきになりました。さうして、第三十六代孝德天皇(かうとくてんのう)のみ代からは、支那のすぐれたところをとり入れて、改新のまつりごとが行はれ、み國の勢が盛になりました。
まじはりのはじめ	
改新のまつりごと	

大陸のうごき	いつの代でも、支那に國のうつりかはりがあると、かならず、まはりの國々に影響(えいきやう)が及びます。唐(たう)の盛になるにつれて、やはり大陸の形勢に大きなうごきがありました。とりわけ、唐は支那の北の方をしづめるために、滿洲や朝鮮に勢をのばして來ました。朝鮮の國々は、みな朝廷にみつぎものをたてまつつてゆききをつゞけてゐたので、たいそうこみ入つた關係(くわんけい)がおこりました。唐は新羅(しらぎ)とむすんで、百濟(くだら)を攻めやぶり、扶餘(ふよ)の都を陷れて、國王をとりこにしました。百濟では、朝廷に仕へてゐた王子を迎へ、わが國のたすけをかりて、國をまたおこしたいとくはだてるものがあらはれて、朝廷にねがひ出て來ました。
唐と滿洲や朝鮮	
百濟のねがひ	

扶餘

齊明天皇天智天皇のおぼしめし	第三十七代齊明天皇(さいめいてんのう)は、その頃、皇太子であらせられた第三十八代天智天皇(てんぢてんのう)とおはかりになり、朝鮮が支那にあはされるのを防い

國のまじはり(遣唐使)

扶餘神宮	で、三韓(みつのからくに)を昔のまゝにつゞかせたいとおぼしめしになりました。そこで、百濟のねがひをおゆるしになり、親しく九州に行幸(ぎやうかう)あらせられて、み軍(いくさ)を百濟につかはし、王子を送りかへして、唐の軍をおうたせになりました。今、扶餘神宮(ふよじんぐう)に海外のまつりごとのもとゐをおかためになつた神功皇后(じんぐうくわうごう)・應神天皇(おうじんてんのう)と共に、齊明天皇・天智天皇をおまつり申しあげるのは、このやうなありがたいおぼしめしに感謝のまごころをさゝげるためであります。ところが、百濟は間もなく、うちわもめをおこしたために、攻めほろぼされました。齊明天皇は、九州の行宮(あんぐう)でおかくれになり、天智天皇は、み軍を引上げさせられました。唐では、將軍を置いて、もとの百濟の地を治めましたが、百濟の人々は、皇室の御めぐみをしたつて、大ぜいわが國に渡つて來ました。やがて、唐は、また新羅とむすんで、高麗(こま)を攻めほろぼしてしまひましたが、新羅の勢がたいそうさかえて、しだいにもとの百濟や高麗の地方をあはせてゆきました。
百濟のうちわもめ	
新羅のさかえ	

第六 國のまじはり(二)

國防(こくばう)のかため

天智天皇(てんぢてんのう)は、さきに百濟(くだら)がほろびて唐(たう)の勢力が朝鮮に及んだのをみそなはして、ますます制度をとゝのへ、まつりごとのゆきとゞくやうにして、國力の充實をおはかりになると共に、國防(こくばう)をかためなければならないとおぼしめしになり、九州の北部や瀬戸内海(せとないかい)の沿岸地方に、城をきづいたり、守備の兵を置いたりなさいました。その頃、今の扶餘(ふよ)にゐた唐の將軍も、わが國と親しくしなければならないと考へて、使をよこして朝廷に御挨拶(ごあいさつ)を申しあげました。そこで、お互にゆきゝがひらけ、やがて、もとのとほりに唐と國のまじはりがおこりました。また、新羅(しらぎ)は、唐に仕へながらも、しだいにその勢力をしりぞけて、朝鮮を統一(とういつ)しましたが、前のとほりに朝廷にみつぎものをたてまつつてゆきゝしてゐました。したがつて、わが國は、少しも外からせまられるおそれがなく、いよいよ國土の開發につとめ、國力の充實をはかることができて、み國はたいそうさかえました。

天智天皇のおぼしめし

唐とのまじはり

新羅のゆきゝ

み國のさかえ

遣唐使(けんたうし)のゆきゝ
文化の進み

わが國と唐(たう)とのまじはりは、その後久しくつゞき、遣唐使(けんたうし)がゆきゝしたので、文化の進みにたいそう役立ちました。唐は、一時、東は朝鮮や滿洲、北は内(ない)・外蒙古(ぐわいもうこ)、西は中央アジヤ、南はインドシナ半島までも勢をひろめ、まはりの各地でおこつた學問や宗教(しゆうけう)や美術や工藝などを

遣唐使のゆきき

支那文化の進み	傳へて、支那の文化は、ますます進みました。さうして、同じ頃、盛になつたアラビヤとならんで、世界文化の大きな中心になつてゐました。アラビヤは、東はインドに勢をのばし、西は今のイスパニヤまで進んで、ヨーロッパの國々にせまり、各地の文化をとり入れて、學問や美術工藝などを進め、中には、今日の學問のもとゐになつたものが少くありません。私どもが、算數に使ふ數字なども、この國からヨーロッパにひろまり、後にわが國にも傳はつたものであります。また、アラビヤ人は、
アラビヤ人の海上發展	大いに海上に發展し、西は地中海(ちちゆうかい)や黑海(こくかい)はいふまでもなく、東はインド洋をこえて南洋にあらはれ、さらに南支那に來て貿易をひらき、後には、朝鮮にも渡つて來たことがあります。このやうにして、東西の物産が交換(かうくわん)され、アジヤとヨー

遺唐使のゆ
きき

進んだ文化
のとり入れ

ロッパとの交通が盛になるいとぐちがひらかれて、世界
のゆききがたいそうひらけて來ました。わが國では、遺
唐使のゆききにつれて、海外(かいぐわい)との貿易が盛
になり、支那から渡つて來るものも多くなりました。そ
こで、各地の珍しい物産や、進んだ文化が唐をなかだち
としてとり入れられました。

第七　制度のとゝのひ(一)

<table>
<tr><td>

大寶律令
(だいはう
りつりやう)
大化の改新
制度のとゝ
のひ

</td><td>

孝徳天皇(かうとくてんのう)のみ代には、大化(たいくわ)の改新(かいしん)によつて、わが國體にもとづき、支那のすぐれたところをとり入れて、新しい制度が定まりました。その後、御代々の天皇が、制度をおとゝのへになりましたので、まつりごとがしだいにゆきとゞいて、國運の進むもとゐがかたまりました。さうして、第四十二代文武天皇(もんむてんのう)のみ代には、つぎつぎに定められた制度を集め、唐(たう)の法典(はふてん)にならつて整理し、大寶律令(だいはうりつりやう)ができあがりました。律令の制度は、第百二十二代明治天皇(めいぢてんのう)のみ代のはじめまで、久しい間、わが國のまつりごとの本になつてゐたばかりでなく、今の制度にも、そのなごりが傳はつてゐます。

</td></tr>
<tr><td>

國運の進む
もとゐ

</td><td></td></tr>
<tr><td>

大寶律令

</td><td></td></tr>
<tr><td>

律令制度の
なごり

</td><td></td></tr>
<tr><td>

朝廷中心の
まつりごと
律令の制度

</td><td>

律令(りつりやう)の制度は、朝廷を中心としたまつりごとを根本の精神にしてゐました。朝廷には、まつりごとを行ふために、宮中や皇大神宮(くわうだいじんぐう)の御まつりをはじめ、神社の事をつかさどる神祇官(じんぎくわん)と、もろもろの政務をつかさどる太政官(だいじやうくわん)とがありました。太政官には、太政大臣(だいじやうだいじん)・左大臣(さだいじん)・右大臣(うだいじん)などがあつて八省(はつしやう)をすべ、各省はさらに多くの役所に分かれてゐました。ちやうど、今の内閣(ないかく)の制度で、國務大臣(こくむだいじん)が、天皇

</td></tr>
<tr><td>

神祇官と太
政官

</td><td></td></tr>
<tr><td>

今の内閣制
度

</td><td></td></tr>
</table>

地方の制度	をおたすけ申しあげ、各省が政務をつかさどつてゐるのと同じやうな組織(そしき)であります。また、地方はおよそ六十ばかりの國(くに)に分かれ、都を中心にして、交通路などの關係(くわんけい)から地方わけが定まつてゐました。都のまはりの國々は、畿內(きない)とよび、東に東海(とうかい)・東山(とうさん)、北に北陸(ほくりく)、西に山陰(さんいん)・山陽(さんやう)・西海(さいかい)、南に南海(なんかい)の七道(しちだう)がありました。
國府	國々には、朝廷から國司(こくし)がつかはされて、地方の政治をつかさどり、國司のゐる所を國府(こくふ)とよびました。國司は、毎年都にのぼつて、朝廷に地方の樣子を申しあげる定めになつてゐました。國は、さらに郡(こほり)などに分かれ、その地方の人々が役人にとりたてられました。國は今の府(ふ)や縣(けん)、國府は府縣廳(ふけんちやう)の所在地にあたり、國や郡の名は、今の地名にものこり、七道の名も、今の地方別や鐵道の名稱などになごりをとゞめてゐます。このやうに制度がとゝのつた上に、第四十五代聖武天皇(しやうむてんのう)が佛教をおひろめになるため、國々に國分寺(こくぶ
國分寺	んじ)をお建てになつてからは、國分寺が國府とならんで、皇室の御めぐみをひろめるもとゐになりました。國府や國分寺のあつた所は、たいてい地名にその名がのこつてゐたり、建物の礎石(そせき)が見出されたりして、
都の文化と地方の開發	當時、都の進んだ文化を傳へて地方開發の中心になつてゐたことがしのばれます。制度がとゝのつてゆくにつれ
みいつのかがやき	て、みいつがますます遠くかゞやき、北は奧羽地方、南は

| 國土のもと
ゐ | 琉球列島(りうきうれつたう)までゆきわたり、國土のも
とゐはいよいよかたくなりました。 |

みいつのかがやき

| 孝德天皇の
おぼしめし | 奥羽地方の蝦夷(えぞ)には、まだみいつになびかないも
のがたくさんゐたので、孝德天皇(かうとくてんのう)
は、これをすつかりことむけたいとおぼしめしになり、
今の新潟縣(にひがたけん)に、そのもとゐになる城をお
つくりになりました。ついで、齊明天皇(さいめいてんの
う)は、阿倍比羅夫(あべのひらぶ)をつかはし、舟いくさ
をひきゐて、たびたび日本海沿岸の地方をことむけさせ
られました。比羅夫は、蝦夷を從へたばかりでなく、北
海道に渡り、さらに北に進んで、みいつをかゞやかしま
した。樺太(からふと)や北海道がわが國土になるいとぐ |
| 蝦夷のこと
むけ | |

蝦夷のみちびき	ちで、今から千三百年ほど前のことであります。その後、朝廷では、奥羽地方に神社を建て、佛教をひろめて、蝦夷を御みちびきになり、また、みいつになびいたものには、役や位を授け、氏(うぢ)をたまはつて、わけへだてなく御いつくしみになりました。ところが、なかなか、從はないものもゐましたが、やがて、第五十代桓武天皇(くわんむてんのう)のみ代に、坂上田村麻呂(さかのうへのたむらまろ)が蝦夷のことむけをすつかりしとげ
南の島々のゆきき	ました。また、九州の南部や琉球列島のあたりにも、まだみいつになびかないものがゐました。推古天皇(すゐこてんのう)のみ代からは、今の鹿兒島縣(かごしまけん)の南部や沖繩縣(おきなはけん)の島々から、みつぎものをたてまつつてゆききするものが、つぎつぎにあらはれました。琉球列島のわが國土になるもとゐであります。
文化の進み 國力の充實 租税の制度	みいつがかゞやき、まつりごとがゆきとゞいて、國中がよく治ると、各地方の産業が進んで國土は開發され、國力が充實して來ました。とりわけ、農業が盛になつて田畠が開墾(かいこん)され、養蠶(やうさん)がひろまつて絹織物が發達し、鑛業(くわうげふ)がひらけていろいろの鑛物(くわうぶつ)が見出され、商業もしだいに進みました。さうして、租税(そぜい)の制度がとゝのひ、役所の費用などのためには、田畠の廣さによつて稲がとりたてられました。また、絹織物をはじめ各地の物産がみつぎものとして定められ、國々から都に運ばれました。

交通の發達 文化の進み	したがつて、都と地方とのゆききがひらけ、道路や橋が つくられて交通も發達しました。このやうにして、文化 が進んで、國中にひろまると共に國風があらはれて來ま した。

第八　制度のとゝのひ(二)

都のさかえ

奈良の都

朝廷中心のまつりごとがゆきとゞき、文化が進むにつれて、國中の中心になつてゐる都は、たいそうさかえてゆきました。都のかまへは、第四十三代元明天皇(げんめいてんのう)のみ代に奈良(なら)の都(みやこ)ができて、ますますりつぱになり、唐(たう)とのまじはりや、新羅(しらぎ)とのゆききがつゞき、さらに聖武天皇(しやうむてんのう)のみ代からは、滿洲の渤海(ぼつかい)からも、みつぎものをたてまつゝてゆききするやうになつたので、

海外文化の
傳はり

海外(かいぐわい)から新しい文化が傳はつて、都はにぎはひ、東亞文化の一つの中心になつてゐました。ちやうど、わが國で奈良の都がさかえてゐる頃、唐の都は、世界文化の大きな中心になつてさかえ、新羅や渤海の都も、たいそうにぎはつてゐました。新羅は、その頃、唐

新羅と渤海

から學問や佛教をとり入れてひらけ、都のかまへも、唐にならつて、宮殿や寺が、美しく立ちならんでゐました。今、慶州(けいしう)には、その址(あと)がのこつてゐます。渤海は、滿洲からおこり、朝鮮の北部までもあはせて勢が強く、やはり唐の文化をとり入れて、滿洲ではそれまでにない盛な國になりました。都であつた所には、今も宮殿や寺の址があります。さうして、奈良の都

奈良の都の
遺跡と遺物

は、遺跡(ゐせき)がどこよりもはつきりしてゐて、寺のりつぱな建物や、見事な佛像や、工藝品などの遺物(ゐぶつ)も多く傳はり、その頃のはなやかな有様をまのあたり

正倉院の御物

正倉院の御物	に見ることができます。中でも、正倉院(しやうさうゐん)といふお倉には、聖武天皇のお手まはりの御物(ぎよぶつ)などが、昔ながらにのこつてゐます。きれいな織物や漆ぬりのお道具など、わが國でつくられたものによつて、その頃、廣く世界各地の文化の流を傳へて、美術工
美術工藝の進み	藝がたいそう進んでゐたことが知られ、また、海外(かいぐわい)から傳はつた珍しい品々もあつて、當時のゆききが、文化の進みに役立つてゐたことがしのばれます。正
わが國文化の寶庫	倉院は、まことにわが國文化の寶庫(はうこ)で、もと東大

文化の寶庫(正倉院)

寺(とうだいじ)でおまもり申し、昔から勅命がなければ開かないきまりで、大切に保存(ほぞん)されてゐました。桓武天皇(くわんむてんのう)のみ代に、都が奈良から今の京都(きやうと)にうつつてからは、ますます支那の文化がとり入れられたばかりでなく、さらに、わが國もちまへのすぐれたところがあらはれて、都はさかえ、地方はひらけ、わが國文化のもとゐはきづきあげられました。

世の中が進むにつれて、しだいに制度のうつりかはりがありました。とりわけ、都が京都(きやうと)にうつつてからは、桓武天皇(くわんむてんのう)や第五十二代嵯峨天皇(さがてんのう)が、奈良(なら)の都でおこつたわるい風を改めて世の中をひきしめ、まつりごとがゆきとゞく

京都の都

わが國もちまへのあらはれ

制度のうつりかはり

桓武天皇と嵯峨天皇のおぼしめし

攝政關白の おこり	やうにしたいとおぼしめしになつて、新しいきまりをお立てになりました。それで、制度は一そうとゝのつて、國中はよく治りました。ところが、そのうちに藤原氏(ふぢはらうぢ)の勢がしだいに盛になつて、第五十六代清和天皇(せいわてんのう)のみ代に藤原良房(ふぢはらのよしふさ)が攝政(せつしやう)になり、やがて第五十九代宇多天皇(うだてんのう)のみ代に藤原基經(ふぢはらのもとつね)が關白(くわんぱく)になつてからは、律令(りつりやう)のきまりにない攝政や關白が、朝廷で一ばん重んぜられ、新しいしきたりができて、まつりごとのすがたがかはりました。大寶律令(だいはうりつりやう)のきまり
制度の根本	が、根本になつてゐましたが、朝廷のおもな役目は、たいてい藤原氏の人々に授けられました。また、藤原氏か
天皇の御う しろみ	らは、皇后がつぎつぎにお出になつたので、天皇の御うしろみとして朝廷のまつりごとを行ふものもあらはれて、勢をふるひました。
武士のおこ り	さきに大化(たいくわ)の改新(かいしん)によつて、國中の
土地の制度	土地は、すべて朝廷で御支配(ごしはい)になり、國民には、きまつた廣さの土地を授けて耕させ、耕す人がなくなると、おかへし申す定めになりました。その後、いろ
莊園のひろ まり	いろの事情(じじやう)から、土地を自分のものにすることがおこり、莊園(しやうゑん)ができて來ました。ことに、聖武天皇(しやうむてんのう)が、開墾御奬勵(かいこんごしやうれい)のおぼしめしから、開いた土地を代々自分のものとしてうけつぐことをおゆるしになつてからは、

地方政治の みだれ 武士のおこ り	しだいにひろまりました。さうして、この頃になると、租税(そぜい)までも免ぜられるやうになつたので、土地のきまりや租税の制度がくづれて、地方の政治がみだれました。そこで、各地で勢のあるものは、政治のみだれに苦しんでゐる人々をたすけて家來(けらい)をつくり、ますます莊園をひろめて、しだいに武士がおこりました。第七十一代後三條天皇(ごさんでうてんのう)は、こ
親政のおぼ しめし	の有様をみそなはして、新政のおぼしめしでまつりごとにおはげみになり、莊園を新たにつくることをさしとめられました。しかし、地方の政治は、なかなか改らないで、朝廷のまつりごとが、國中にゆきわたらないため
武家のあら はれ	に、世の中がさわがしく、武士の勢力がしだいに大きくなり、後には、武家(ぶけ)があらはれて國中をしづめ、さらに制度のうつりかはりがありました。

第九　海外(かいぐわい)とのゆきき(一)

わが國で京都(きやうと)の都がさかえ、文化がたいそう進んでゐる頃、大陸では、唐(たう)が衰へたので、ゆききのすがたがかはりました。宇多天皇(うだてんのう)は、支那がみだれてゐるのを聞こしめして、遣唐使(けんたうし)をおやめになり、第五十四代仁明天皇(にんみやうてんのう)のおつかはしになつた使が最後になりました。國のまじはりは、推古天皇(すゐこてんのう)のみ代から二百年餘りつづいて、わが國の發展(はつてん)に役立ちましたが、こゝで一たんとだえました。さうして、明治天皇(めいぢてんのう)が清(しん)とまじはりをおひらきになるまで、前後一千年餘り、國のまじはりはむすばれませんでした。けれども、支那とのゆききは、いつもたえたことがなく、貿易が中心になつて、經濟(けいざい)や文化の上にも、深い關係(くわんけい)がつづいてゐました。

唐(たう)の勢が衰へると、影響(えいきやう)がまはりの地方に及びました。屬國(ぞくこく)になつてゐた新羅(しらぎ)や渤海(ぼつかい)が衰へて、朝鮮や滿洲がみだれました。唐がほろびた後、支那はますますみだれ、朝鮮では、やがて、王建(わうけん)が開城(かいじやう/京畿道)からおこつて國をたて、高麗(こま)の後をつぐ盛な國にしたいと望んで、高麗(かうらい)ととなへ、やがて新羅をほろぼし、各地を平げました。滿洲では、遼河(れうが)

契丹のおこり 宋の支那統一	の上流から契丹(きつたん)がおこり、支那の文化をとり入れて盛になり、國王は皇帝(くわうてい)ととなへ、國を遼(れう)ともよび、渤海を攻めほろぼして強くなりました。さうして、滿洲から北部朝鮮にかけて住んでゐた女眞人(ぢよしんじん)をうち從へ、さらに高麗を攻めて屬國にしました。その間に宋(そう)がおこつて支那を統一(とういつ)しましたが、武力がふるはないので、遼にせまられ、毎年物を贈つて、やうやく防ぎとめてゐました。
高麗(かうらい)のねがひ 新羅とのゆきき 高麗のねがひ 商人のゆきき 關係のうつりかはり	新羅(しらぎ)が衰へると、朝廷にみつぎものをたてまつることをおこたり、その國の海賊が、たびたび九州の海岸を荒したりしたので、桓武天皇(くわんむてんのう)のみ代からは、使のゆききがやめられてゐました。それで、高麗(かうらい)は、第六十一代朱雀天皇(すざくてんのう)のみ代に、朝鮮を平げると、すぐに使をよこして、昔の三韓(みつのからくに)のやうにみつぎものをたてまつゝてゆききをつゞけたいとねがひ出て來ました。新羅が勝手なふるまひをした後であつたために、朝廷では、なかなかおゆるしがありませんでした。しかし、その頃から、わが國の商人は、しきりに高麗にゆききして貿易を營むやうになりました。高麗は、後にも使をよこしたり、わが國の商人にたのんだりして、手紙を送つて來ましたが、朝廷ではおとり上げになりませんでした。したがつて、神功皇后(じんぐうくわうごう)の御ことむけこのかた、久しくつづいた朝鮮の國々との關係(くわんけい)は、すつかりすがたをあらためてしまひました。

その頃、高麗は、遼(れう)に從ひながらも、支那の文化をしたつて、宋とゆききをつゞけたので、宋からも、遼からも、進んだ文化が傳はりました。とりわけ、佛教が盛で、至るところに大きな寺ができて、今でも大本山になつてゐるものもあります。

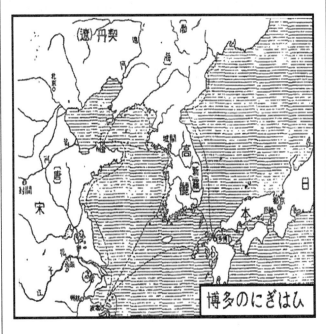

博多のにぎはひ

さきに、唐(たう)や新羅(しらぎ)の使が渡つて來ると、まづ今の福岡市(ふくをかし)の近くにあつた大宰府(だざいふ)といふ役所でむかへる定めになつてゐました。したがつて、博多(はかた)の港が出入口になり、海外(かいぐわい)からゆききする商船もこゝに集り、貿易が盛になりました。

貿易のさかえ 文化の流	さうして、支那や南洋などの珍しい物産は、都の人々にたいそうよろこばれたので、使のゆききがやめられた後も、博多は商船の出入がしげく、貿易がつゞいて、いよいよにぎはひました。とりわけ、南支那の貿易が、宋(そう)になつて、大いに發展(はつてん)したので、わが國にも、高麗(かうらい)にも、ゆききする商船が多くなりました。このやうにして、各地の物産が交換(かうくわん)され、文化の流が互に傳はりました。

第十　海外(かいぐわい)とのゆきき(二)

海外(かいぐわい)とのゆききのすがたがかはつてから、わが國の文化には、國風があらはれて、大いに進みました。延暦寺(えんりやくじ)で修行(しゆぎやう)した源信(げんしん)は、佛の教も國文で書かなければならないといつて、國風を重んじ、念佛(ねんぶつ)の大切なことをとなへて浄土宗(じやうどしゆう)のもとゐをひらきました。さうして、自分のあらはした本を宋(そう)に送つて、佛教の說き方が進んでゐることを支那にまで示しました。また、商船を利用して宋にゆききした多くの僧は、支那の名高い寺をめぐつて修行をつみながら、國風のほこりをあらはすことにつとめたので、わが國のすぐれたところが、ひろく海外に知られるやうになりました。第六十四代圓融天皇(ゑんゆうてんのう)のみ代に東大寺(とうだいじ)の奝然(てうねん)は、宋に渡つて皇帝(くわうてい)にお目にかゝつた時、わが國が神のみすゑである一系(いつけい)の天皇をいたゞき、朝廷に仕へるものも、家がらによつて代々職をうけつぎ、國民が、みなしあはせにくらしてゐることを傳へました。皇帝は、支那を統一(とういつ)して間もない頃で、世の中がよく治るやうにしたいと考へてゐたので、奝然の話を聞いてたいそう感心しました。さつそく、大臣たちを召しよせ、わが國が遠い古からの美風をうけついでゐるのをほめて、君臣一致してわが國のやうにりつぱな國がらをつくらなければならないことを諭(さと)しました。

國風のほこり(東大寺の齋然)

國民生活の
進み
　武家の出世

平清盛の考

そのうちに、わが國では、源氏(みなもとうぢ)や平氏(たひらうぢ)などの武家(ぶけ)が、朝廷の役人にとり立てられて出世しました。中でも、平氏は、第七十七代後白河天皇(ごしらかはてんのう)のみ代から、しだいに盛になり、清盛(きよもり)が太政大臣(だいじやうだいじん)までのぼり、一族もみな重い役について、たいそうさかえました。清盛は、先祖が中國や九州や瀬戸內海(せとないかい)の地方に勢をひろめてゐた上に、はじめ大宰府(だざいふ)の役についてゐたので、海外(かいぐわい)の事情(じじやう)に明かるく、大いに貿易をすゝめ、また、新しい文化をとり入れようと考へてゐました。今の神戸(かうべ)にやしきをかまへ、港をきづき、宋(そう)の商人を招いて貿易を營ませ、また、後白河上皇(ごしらかはじやう

くわう)のお出ましをねがひ、自ら宋の商船に乗つて御供
申しあげ、はるばる嚴島神社(いつくしまじんじや)にお
まゐりをしたりしました。この頃からは、わが商船も、
盛に海外に出かけるやうになつて、宋とのゆききがにぎ
はひ、平氏がほろびた後も、貿易はたいそうさかえまし
た。

ゆききのに ぎはひ

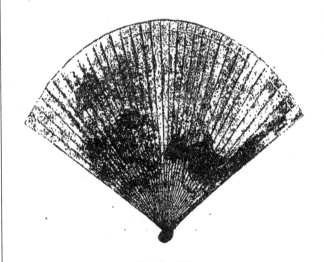

工藝の進み(扇)

その頃輸出されたのは、主に金や絹織物や木材で、美し
い蒔繪(まきゑ)や螺鈿(らでん)の道具類をはじめ、扇や屏
風(びやうぶ)や日本刀などの工藝品も多く、産業の進み
が知られ、輸入品を見ると、支那の美しい織物や燒物も
あれば、孔雀(くじやく)や鸚鵡(あうむ)などの珍しい南洋
の物産もあつて、わが國民の生活が、大いに進んでゐた
ことがしのばれます。

産業の進み

國民生活の 進み

佛教や學問の傳はり 金と宋の爭 支那文化の新しい進み 禪宗のひろまり 宋學の傳はり 研究の進み 大政御一新のもとゐ	このやうにゆききのにぎはふ頃には、大陸の形勢がたいそうかはつてゐました。今のハルピンの近くにゐた女眞人(ぢよしんじん)が、金(きん)といふ國をおこして、遼(れう)をほろぼし、高麗(かうらい)を從へ、さらに宋(そう)を南におひやり、今の北京(ペキン)に都をうつし、支那の文化をとり入れて盛になつて來ました。宋は、今の杭州(かうしう)に都を定めて、金と戰ひました。思ふやうに勢をもりかへすことはできませんでしたが、貿易はさかえ、産業がおこり、支那の文化に新しい進みがあらはれました。中でも、佛教では、禪宗(ぜんしゆう)が盛になつて、影響(えいきやう)が學問にも及び、支那の學問の中心である儒學(じゆがく)の研究が進んで、宋學(そうがく)がおこりました。さうして、宋の文化は、わが國にも傳はつて、後世に大きな影響をのこしてゐます。禪宗がひろまつて、武士の心がまへがねり上げられたばかりでなく、大いにわが國の文化を進めました。また、宋學が傳はつて、ますます大義名分(たいぎめいぶん)が明らかになり、國體の尊さをさとらせました。後になつて、山崎闇齋(やまざきあんさい)のやうなすぐれた學者があらはれ、さらに研究を進めて、わが國がらにかなつた學問にしたので、たいそうひろまりました。さうして、尊王論(そんわうろん)のいとぐちをひらき、國學(こくがく)と共に、大政御一新(たいせいごいつしん)のもとゐをきづいてゆきました。

第十一　神國(しんこく)のほこり

クビライの
のぞみ
　蒙古のおこ
り

わが國と宋(そう)とのゆききがしげく、深い關係(くわん
けい)がむすばれてゐる頃、大陸では、蒙古(もうこ)がお
こつて、また、形勢がにはかにかはりました。蒙古は、
まづ金(きん)を攻めやぶり、高麗(かうらい)に攻めて來ま
した。高麗は、都を江華(かうくわ/京幾道)にうつして難
を避けましたが、前後三十年餘りにわたり、幾度ともな
く攻めこまれ、朝鮮の各地が荒されました。その間に、
蒙古は、金をはじめ、アジヤの國々をつぎつぎにほろぼ

蒙古のさか
え

して、ヨーロッパにまで攻め入り、たいそう盛な國にな
りました。さうして、クビライが皇帝(くわうてい)にな
ると、國の名を元(げん)ととなへ、都を今の北京(ペキン)
に定め、支那の文化をとり入れて、學問をおこし、制度

クビライの
のぞみ

をとゝのへました。クビライは、宋を攻めほろぼして支
那を統一(とういつ)し、まはりの國々を從へて、歴史に
名をのこしたいとのぞんでゐました。それで、支那を平
げるのに、うしろからおびやかされる心配のないやう
に、まづ、高麗をてなづけて從はせました。つづいて、
宋と關係の深いわが國を從へなければならないと考へ、

まじはりの
すゝめ

わが國に手紙を送つて自分ののぞみを述べ、まじはりを
ひらくやうにすゝめて來ました。第九十代龜山天皇(かめ
やまてんのう)のみ代のことであります。クビライの手紙
が來ると、鎌倉(かまくら)の幕府(ばくふ)は、外國とのま

國の大事

じはりは、國の大事でありますから、すぐに朝廷に申し

元寇

あげました。朝廷では、御返事をなさらないことにきまり、幕府の執權(しつけん)であつた北條時宗(ほうでうときむね)は、手紙がたいそうがうまんであつたのを怒つて、手紙を持つて來た使をおひかへし、これからも、たびたび使が來ましたが、一度も返事をしませんでした。クビライは、わが國をうち從へる外はないと考へました。そこで、第九十一代後宇多天皇(ごうだてんのう)のみ代に、二度も大軍を出して攻めよせました。これを元寇(げんこう)とよんでゐます。

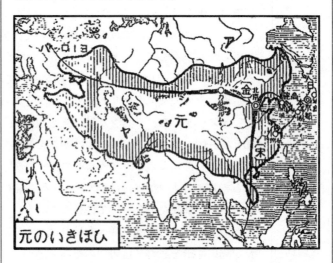

元のいきほひ

その間に、クビライは、宋をほろぼして支那を統一しましたが、つひに、わが國を從へることはできませんでした。そこで、支那とのゆききからしぜんと高まつてゐたわが國の地位は、これからますます重くなりました。

地位の高まり

神國のほこり 擧國一致の美風 國防のかため 神の御まもり 神國のほこり 尊い國土 國土のまもり 皇居の御まもりと御ことむけ 徵兵のきまり	わが國では、後宇多天皇(ごうだてんのう)のみ代に、元の大軍を見事にうちはらつて、國威をかゞやかし、りつぱに國土をまもることができました。これは、擧國一致の美風を發揮したおかげであります。國民がみいつのひかりをあふいで、上下みな心をあはせて國防(こくばう)をかため、とりわけ、武士はりつぱな心がまへをあらはして、力のかぎり戰つたので、まごころが神に通じて、御まもりをうけました。そこで、わが國土は、神神がお生みになり、いつも神々が御まもりになるといふ、昔からうけついで來た神國(しんこく)のほこりが、ますます深められました。さうして、國民には、このやうに尊い國土は、命にかけても、まもらなければならないといふ覺悟が、いよいよかたくなりました。 元寇(げんこう)の時に、擧國一致で國土のまもりをかためるためには、武家(ぶけ)が國中をしづめてゐたことが、たいそう役立ちました。昔は、大伴氏(おほともうぢ)のやうに軍人をひきゐて天皇にお仕へ申す家があつて、日ごろは、皇居(くわうきよ)の御まもりをかため、御ことむけの時には御供申しあげて、從はないものをうち平げました。大伴氏が、「海行かば水(み)づくかばね、山行かば草むすかばね、大君(おほきみ)のへにこそ死なめ、かへりみはせじ。」と、となへて忠義をつくしたのは、名高い事であります。後には、徵兵(ちようへい)のきまりをたてて、各地の軍團(ぐんだん)で練兵を行ひ、都にのぼつて皇居をまもり、九州におもむいて國防(こく

武士のおこり	ばう)をかためさせました。ところが、地方の政治がみだれると、この制度がすたれ、やがて武士がおこつて、しだいにその代りをつとめるやうになりました。源頼朝(みなもとのよりとも)は、朝廷におねがひして、自分の家來になつた武士を守護(しゆご)にして國々をしづめさせ、また、第八十二代後鳥羽天皇(ごとばてんのう)から征夷大將軍(せいいだいしやうぐん)の職をいただいて、守護
京都の都の御まもり	を取りしまり、各地の武士をえらんで、京都(きやうと)の都の御まもりをさせました。そこで、國中の武士が頼朝の家來になつて、地方の政治は、幕府(ばくふ)でとり行ふやうになりました。このやうにして、武家が國中を
國中のしづめ	しづめてゐたので、國家の大事にあたり、幕府のさしづで、武士が國防をかためることができました。その後、
勤王の武士	世の中がみだれた時には、勤王(きんわう)の武士があらはれて、天皇を御まもり申しあげましたが、海外から攻められることがなかつたので、國防は久しくかへりみられませんでした。明治天皇(めいぢてんのう)のみ代になると、武士がなくなつて、國民皆兵(こくみんかいへい)
國民皆兵の精神	の精神で、陸海軍の制度が定められました。天皇が、御みづから大元師(だいげんすゐ)として陸海軍をおひきゐになり、軍人はみな、昔ながらのりつぱな精神をうけつ
國防のかため	いで、國防をかためました。さうして、國家の大事にあたつては、身をすて家を忘れて出征し、勇ましく戰つて、大いに國威をかがやかします。兵役(へいえき)のつとめは、男子にとつてこの上もない名譽となり、女子も、

神國のまもり	家をまもり、親に仕へ、子を養ひ、銃後(じゆうご)をかためて奉公のまごころをつくし、神國のまもりは、いよいよ固くなりました。

第十二　海外發展(かいぐわいはつてん)のいきほひ

元寇(げんこう)をうちはらつてから、國民の元氣が盛になり、海外(かいぐわい)にゆききするものがしだいに多くなつて、朝鮮や支那の沿岸から、しまひには、進んで南洋の方面にまで渡つて貿易を營み、海外發展(はつてん)のいきほひが、しだいに盛になりました。その頃、琉球(りうきう)といつた沖縄縣(おきなはけん)の人々も、はやくから南洋の方面に出かけて、珍しい物産を仕入れ、九州や朝鮮に賣りさばいてゐました。また、海外からも、支那や今のタイやジャワなどの商船が渡つて來ました。したがつて博多(はかた)の港などは、前にもまして、たいそうにぎはひました。

大陸方面では、第九十六代後醍醐天皇(ごだいごてんのう)のみ代の頃から、元(げん)の勢が衰へて、支那や滿洲がたいそうみだれました。やがて、支那には、明(みん)がおこりました。また、高麗(かうらい)では、うちわもめがおこつて、明に從つたり、元に從つたりしたために、國中がみだれました。それ故、九州や中國・四國の地方から渡つてゆく人々は、思ふやうに貿易ができないで、支那・朝鮮の海岸地方や島々などを荒すやうになりました。高麗からは、海外に渡るものの取りしまりをたのんで來ました。ところが、ちやうどわが國もみだれてゐたので、海上の取りしまりは、なかなかゆきとゞきませんでした。

朝鮮貿易の さかえ 足利氏の勢	やがて、第百代後小松天皇(ごこまつてんのう)のみ代に、足利義滿(あしかゞよしみつ)が太政大臣(だいじやうだいじん)にのぼつてから、足利氏の勢が盛になりました。また、足利氏は、代々征夷大將軍(せいいだいしやうぐん)の職をいたゞいてゐましたが、地方の政治は、たいてい大名(だいみやう)まかせになつたので、海外(かいぐわい)との關係(くわんけい)は、たいそうこみいつて來ました。その頃、朝鮮では、今の咸鏡南道からあらはれた李成桂(りせいけい)が、高麗(かうらい)をほろぼして朝鮮(てうせん)といふ國をおこしました。朝鮮は、都を今の京城(けいじやう)に定め、明に從つてその文化をとり入れ、宋學(そうがく)をひろめて佛教をおさへ、新しい制度をたてて盛になり、女眞人(ぢよしんじん)をうち從へて今の咸鏡北道や平安北道の地方をしづめ、領土はおよそ鴨綠江(あふりよくかう)と豆滿江(とまんかう)に達しました。さうして、義滿の時から、足利氏とまじはりをむすび、また、對馬(つしま)をはじめ各地から渡つてゆく人々を厚くもてなして、自由に貿易を營ませました。そこで、朝鮮の海岸を荒すものはなくなり、今の慶尙南道の海岸は、至るところ貿易でにぎはひました。
海外とのこ みいつた關 係 朝鮮のおこ り	
足利氏との まじはり	
自由な貿易	
三浦(さん ぽ)のにぎ はひ 貿易港の定 め 三浦のにぎ はひ	朝鮮(てうせん)では、貿易が日ましに盛になるので、しまひには貿易港を定めて、今の慶尙南道の薺浦(せいほ)・釜山浦(ふざんぽ)・塩浦(えんぽ)だけに限ることになりました。第百一代稱光天皇(しようくわうてんのう)のみ代のことで、三浦(さんぽ)とよばれ、およそ百年ほどの間、わが國との貿易港として、たいそうにぎはひま

條約による ゆきき	した。さうして、瀬戸内海(せとないかい)沿岸や、九州地方の大名(だいみやう)は、朝鮮とつきあひをひらき、ゆききについて條約(でうやく)をむすび、毎年送る貿易船の數などをきめてゐました。

三浦のにぎはひ(釜山浦)

宗氏の渡航 證明書 三浦の和館	中でも、對馬(つしま)の宗氏(そううぢ)は、たいそう親しい間がらになり、朝鮮に渡るものは、必ず宗氏から渡航(とかう)の證明書(しようめいしよ)をもらつてゆく約束になつてゐました。朝鮮では、足利氏(あしかゞうぢ)や大名の使を京城(けいじやう)まで招いて、ねんごろにもてなし、また、三浦にも和館(わくわん)を設けて使をもてなし、貿易の世話をしました。したがつて、和館を中心にして居留民の町もできてゐました。

勘合(かんがふ)の貿易 明の支那統一	足利義滿(あしかゞよしみつ)は、朝鮮(てうせん)とまじはりをひらいただけでなく、明(みん)ともゆききをはじめました。明は、元をほろぼして支那を統一(とういつ)し、都を今の南京(ナンキン)から北京(ペキン)にうつし、まはりの國々を從へて盛になりました。さうして、勢を南洋方面から、インド洋をこえて、アフリカの東海岸までのばしたので、南洋との貿易がさかえてゐました。義滿は、博多(はかた)に住んでゐた支那人などから海外の様子をきいて、支那とまじはりをむすんで、貿易をひらきたいとのぞんでゐました。わが國では、さきに宋(そう)とゆききする頃から、支那の貨幣(くわへい)が傳はり、貿易にともなつて商業がひらけ、しだいに世の中が進み、この頃には、たいそう商業が盛になつてゐました。そこで、義滿は、貿易の利益を收めようと考へたからであります。ちやうど、明から海外にゆききするものの取りしまりをたのんで來たので、義滿は、官位が高く勢があるのにまかせて、勝手に明とまじはりをひらき、支那に使をやり、貿易船を送りました。義滿がなくなると、子の義持(よしもち)は、義滿の勝手なふるまひを深くはぢて、明とのまじはりをやめました。ところが、その後、足利氏は、また、まじはりをひらいてゆききをつづけ、勘合(かんがふ)といふ合札(あひふだ)をもらひ、貿易船は、必ずこれを持つてゆく約束をきめました。足利氏は、勘合を大名や寺や商人に分けて貿易船を送らせ、買入れて來た明の貨幣などを納めさせて、大いに貿易の利益をとりました。そこで、足利氏のゆるしのない
足利義滿ののぞみ 商業の進み	
明とのまじはり	
勘合貿易の約束	
貿易の利益	

ゆききの取りしまり	ものは、支那に渡つても貿易ができないので、ゆききの取りしまりがゆきとゞきました。貿易船が明にゆく時は、たいてい禪宗(ぜんしゆう)の僧が使になつて、支那の學問や美術などを傳へたので、文化の進みにも、たいそう影響(えいきやう)がありました。
文化の進み	
海外發展(かいぐわいはつてん)のいきほひ	やがて、第百三代後土御門天皇(ごつちみかどてんのう)のみ代に、足利氏(あしかゞうぢ)の勢が衰へ、京都で戰亂がおこり、しだいに國中がみだれると、海外(かいぐわい)とのゆききも、取りしまりがゆるみました。大名たちは互に勢を爭ひ、貿易の利益を收めようと考へ、勝手に明に貿易船を送るものもあらはれました。したがつて、
勘合貿易のとりやめ發展のいきほひ	約束がみだされて來たので、明は勘合(かんがふ)の貿易をとりやめてしまひました。ところが、大名たちは、相きそつて産業をおこし、海外發展(はつてん)のいきほひはますます盛になりました。また、支那の商人も、久しい間のゆききで、深い關係(くわんけい)がむすばれてゐたので、貿易をのぞんでゐました。そこで、これからは、互に商人のゆききが盛になり、明では、これをさし
商人のゆきき	とめるのに、たいそう苦しみました。その間に、わが國民の發展進取(はつてんしんしゆ)の精神はいよいよ盛になり、支那の沿岸から、さらに南洋方面に進み、東亞の
發展進取の精神	海上は、わが國民活動の舞臺(ふたい)になりました。

第十三　世界のうごき(一)

元寇(げんこう)の頃から、わが國がヨーロッパ人に知ら
れるやうになりました。元(げん)がアジヤ・ヨーロッパに
わたる廣い領土を治めるために、交通路を便利にしたの
で、東西のゆききがひらけました。それで、文化が互に
傳はり、後世にも大きな影響(えいきやう)を及ぼしまし
た。イタリヤの商人マルコ=ポーロは、はるばる今の北
京(ペキン)に來て、クビライに仕へ、國にかへつてか
ら、東亞の様子をくはしく人々に話したので、後にその

見聞録(けんぶんろく)が、ヨーロッパにひろまりまし
た。その中に、わが國には黄金(こがね)がありあまつて
ゐることや、寶玉(はうぎよく)などが多くとれることが
書いてありました。これは、宋(そう)の頃から、支那に
わが國の金や眞珠(しんじゆ)がたくさん輸出されてゐた
からであります。アラビヤ人が活動して以來、ヨーロッ
パの國々には、東亞の珍しい物産が傳はり、直接ゆきき
をひらきたいとのぞんでゐるものがゐたばかりでなく、
商業が發達して、金が重んぜられてゐたので、ヨーロッ

パ人は、わが國を黄金の島として、たいそうあこがれる
やうになりました。

その後二百年ほどたつて、イタリヤ人のコロンブスは、
マルコ=ポーロの見聞録(けんぶんろく)を讀んで、この黄
金(こがね)の島へゆきたいとのぞんでゐました。その
頃、ヨーロッパでは、ちやうど世界が球形(きうけい)で

世界のうつりかはり

あるととなへるものがあらはれ、航海術(かうかいじゆ
つ)も進んで來たので、コロンブスは、ヨーロッパから西
に向かつて進めば、東亞に行けると考へました。そこ
で、イスパニヤの國のたのんで船を出してもらひ、大西
洋(たいせいやう)を西へ進んで、思ひがけなくも、今の
アメリカに着きました。凡そ四百五十年ほど前、わが後
土御門天皇(ごつちみかどてんのう)のみ代のことであり
ます。コロンブスは、このやうにして、ヨーロッパ人に
とつては、全く新しい土地を發見して、その後の世界の
うごきに、大きな影響(えいきやう)を及ぼしました。け
れども、自分では、これに氣がつかないで、たしかにイ
ンドに行つたと信じてゐました。間もなく、南・北アメ
リカの探檢も行はれ、太平洋を横ぎつて、東亞に來るも
のがあらはれました。同じ頃に、ポルトガル人は、アフ
リカの南をまはつて、直接インドにゆききする航路をひ

ヨーロッパ
人のアメリ
カ發見

アフリカま
はりの航路

らきました。そこで、世界の樣子が、しだいにヨーロッパ人に知られました。それまでは、キリスト教がひろまつてゐたために、日常の生活も學問も、美術も、この教が本(もと)になり、いろいろ迷信(めいしん)などにとらはれてゐたのが、にはかに目ざめさせられて、文化が大いに進みました。さうして、探檢の氣風がおこり、ヨーロッパ人は、世界各地に發展し、今日のやうに世界中に勢力をふるふいとぐちがひらけました。イスパニヤは南・北アメリカにあつた國々をほろぼして勢をひろめ、多くの金銀を手に入れてゆたかになり、ポルトガルは、アジヤの南部やアフリカの各地に領土をひろめ、貿易を營んで盛になりました。このやうにして、ヨーロッパ人が、しだいに海上から發展して、世界の形勢がすつかりがはりました。

ヨーロッパ
文化の進み

ヨーロッパ
人の勢力を
ふるふいと
ぐち

ヨーロッパ
人の海上發
展

第十四　世界のうごき(二)

ちやうど、わが國民が盛に東亞の海上に發殿(はつてん)してゐる頃に、ヨーロッパ人の勢力が、南洋の方面にひろまつて來ました。わが國では、各地の大名(だいみやう)が產業をおこしたので、地方がひらけ、鑛山(くわうざん)が掘り出され、製錬(せいれん)の技術(ぎじゆつ)も進んで、金銀や銅などが盛に海外(かいぐわい)に輸出され、貿易がさかえてゐました。そこで、南洋の方面では、はやくからわが國民とヨーロッパ人との取引がひらかれました。黄金(こがね)の島を目指し、新しい交通路

をひらいて進出して來たヨーロッパ人は、インドや南洋や支那と、つぎつぎに根據地(こんきよち)をつくつて、しだいに東亞の海上にあらはれ、わが國をおとづれて來ました。第百五代後奈良天皇(ごならてんのう)のみ代に、ポルトがルの商船が、暴風にあつて、今の鹿兒島縣(かごしまけん)の種子島(たねがしま)に流れつき、鐵砲を傳へたのが、わが國にヨーロッパ人の來た最初であります。その後、ポルトがル人は、鹿兒島縣の港にゆききして、貿易がひらけました。當時、國中至るところで戰爭

がつづいてゐたので、鐵砲がたちまちひろまり、大名の中には、この新しい武器を輸入し、また、貿易の利益を收めたいとのぞむものが多くなりました。そこで、平戸(ひらど)・長崎(ながさき)・大分(おほいた)などの港には、ポルトがルの船が出入りするやうになり、世界各地

の珍しい物産が輸入されて、しだいに國中に傳はつてゆきました。

キリスト教の傳はり

ポルトがル船のゆききがはじまると間もなく、宣教師(せんけうし)のフランシスコ=ザビエルが來て、はじめてキリスト教を傳へました。さきに、ヨーロッパでは、キリスト教が新舊の二派に分かれて爭つてゐましたが、ザビ

ヤソ會のくはだて

エルは、舊教(きうけう)の熱心な信者で、同志とヤソ會をつくり、ローマ法王(ほふわう)のゆるしをうけて、新たにゆききのひらけて來た世界の各地に、舊教をひろめようとくはだてました。さうして、ポルトがル王に招か

ザビエルの渡來

れてインドにつかはされ、教をひろめてゐる間に、わが國のひらけてゐることを知り、進んで今の鹿兒島縣(かごしまけん)に渡つて來ました。まづ島津氏(しまづうぢ)のゆるしを受けて教をひろめ、つづいて九州や中國地方の各地をめぐり、京都(きやうと)にものぼつて教を傳へました。ザビエルは、わが國民が、名譽を重んじ、正直で禮儀正しく、學問に熱心なことに感心して、大いに教を

ザビエルの報告 宣教師の渡來

わが國にひろめなければならないと報告しました。そこで、つぎつぎに宣教師が渡つて來て、各地に教會(けうくわい)を建て、學校や病院をひらいたので、キリスト教がひろまり、熱心な信者がふえてゆきました。

キリスト教のひろまり 織田信長のこゝろざし

やがて、第百六代正親町天皇(おほぎまちてんのう)のみ代に織田信長(おだのぶなが)があらはれ、天皇のお召しをいただいて京都(きやうと)の都にのぼり、しだいに大名(だいみやう)をうち從へて、國中をしづめ、朝廷中心

キリスト教
のすゝめ

のまつりごとをひろめようとこゝろざしました。信長は、都近くの大きな寺がいひつけをきかないのをにくみ、あつく宣教師(せんけうし)を保護してキリスト教をすゝめ、京都に教會をたて、安土(あづち)に學校をひらくことをゆるしました。そこで、キリスト教は、都にもひろまり、しだいに廣くゆきわたつて、大名にも信者が多くなりました。さうして、今の大分市(おほいたし)にゐた大友氏(おほともうぢ)をはじめ熱心な大名たちが、少年使節をヨーロッパにつかはして、法王(ほふわう)に挨拶(あいさつ)をさせたのも、この頃の事であります。まことに國民の元氣のあらはれたもので、大いに見聞をひろめ、

國民の元氣

國民の發展進取(はつてんしんしゆ)の

少年使節のローマ入り

少年使節の ローマ入り	精神を盛にしました。使節は、アフリカの南をまはつて イタリヤにおもむき、ローマにはいつて盛なもてなしを うけました。さらに、各地を見物して、世界地圖や地球 儀(ちきうぎ)や時計などの珍しいみやげものを持つてか へりました。
東亞海洋の さそひ	このやうにキリスト教がひろまり、ヨーロッパの文化が 傳はるにつれて、貿易はにぎはひました。一方には、國 中が統一(とういつ)されましたから、産業はさらに進み
海外發展の いきほひ	ました。國民の海外(かいぐわい)に發展(はつてん)するい きほひは、しだいに盛になり、フィリピン諸島やインド シナ半島に渡り、久しくとゞまつて商賣をするものもあ りました。さうして、わが國に渡つて來るのは、ポルト
ポルトガル 船のゆきき	がルの船が最も多く、インドのゴアから、マラッカを經 てマカオに至り、さらに海をこえて、わが國にゆききし
イスパニヤ 人の渡來	ました。やがて、イスパニヤ人もフィリピン諸島に勢力 を植ゑつけ、マニラから渡つて來ました。このやうにし
海洋のきそ ひ	て、東亞の海洋では、わが國民とヨーロッパ人とが、相 きそつて活動してゐました。

第十五　英雄のこゝろざし

國中一體の
すがた

智勇のすぐ
れた英雄
朝廷のまつ
りごと

國力の充實

太平のめぐ
み

海外貿易の
にぎはひ

キリスト敎
のさしとめ

正親町天皇(おほぎまちてんのう)のみ代から、豊臣秀吉
(とよとみひでよし)は、織田信長(おだのぶなが)のこゝろ
ざしをうけついで大名(だいみやう)をうち從へ、第百七
代後陽成天皇(ごやうぜいてんのう)のみ代には、國中を
平げて大きなてがらをたてました。秀吉は、智勇のすぐ
れた英雄で、とりわけ勤王(きんわう)のまごころが深
く、朝廷のまつりごとがゆきとゞくやうに新しいきまり
を立て、いつも國中が一體になり、武士も、百姓も、商
人も、みなみいつのはかりをあふいで、國力の充實をは
からなければならないと、考へてゐました。そこで、世
の中は太平になつて産業はますますおこり、土地や貨幣
(くわへい)のきまりが統一(とういつ)されて、商業はいよ
いよ進み、海外との貿易が一そうにぎはつて來ました。
ところが、ポルトガルやイスパニヤの商船がたびたびゆ
ききするにつれて、キリスト敎がひろまり、信者の中に
は、神社や寺をないがしろにし、わが國がらをそこなふ
やうなふるまひをするものがあらはれ、宣敎師(せんけう
し)の中にも、その國の勢力を植ゑつけようとする疑のあ
るものがゐました。そこで、秀吉は、神國(しんこく)の
ほこりをけがしてはならないと考へ、キリスト敎をきび
しくさしとめ、宣敎師をおひかへしてしまひました。け
れども、わが國がらのさまたげにならないもののゆきき
はとがめなかつたので、商船はひきつゞき渡つて來まし
た。秀吉は、さらに國中の海賊をきびしく取りしまり、京

貿易船の許可證	都(きやうと)や堺(さかひ)・長崎(ながさき)などの商人に許可證(きよかしよう)をあたへて、海外(かいぐわい)に貿易船を送らせ、ますます發展(はつてん)のいきほひを盛にしました。
英雄のこゝろざし　豐臣秀吉ののぞみ	豐臣秀吉(とよとみひでよし)は、織田信長(おだのぶなが)の家來であつた頃から、國中を平げた後には、進んで國威(こくゐ)を海外(かいぐわい)にかゞやかし、りつぱなてがらをたてて國史に名をのこしたいとのぞんでゐました。その後、世界の樣子を知ると、東亞の國々をみいつ
東亞を一體にするこゝろざし	になびかせ、皇室の御めぐみをひろめて、すつかり一體にし、國民の海外に發展(はつてん)するいきほひをみちびき、東亞の人々が、みな安らかな生活を營めるやうにしなければならないとこゝろざしました。そこで、國中を平げてゆく間にも、このやうなこゝろざしをしどける
準備のとゝのへ	準備をしだいにとゝのへてゐました。ポルトガルに船を注文したのも、大名(だいみやう)に船を造らせたのも、名護屋(なごや/佐賀縣:さがけん)に城をきづかせたのも、もとから自分の家來であつたものを、九州や四國の大名にしたのも、みなそのためであります。
參內(さんだい)のすゝめ　琉球と朝鮮	豐臣秀吉(とよとみひでよし)は、東亞を一體にするのには、まづ支那をみいつになびかせなければならないと考へました。そこで、琉球(りうきう)と朝鮮とを道案內にして、支那に渡らうとしました。さうして、九州が平ぐと、すぐに今の鹿兒島(かごしま)の大名(だいみやう)で琉球と關係(くわんけい)の深い島津氏(しまづうぢ)と、對

國王參内の すゝめ	馬(つしま)の大名で朝鮮と親しい宗氏(そううぢ)とに命じて、それぞれわが國が平いで國中がよく治つてゐることを告げ、國王の參内(さんだい)をすゝめさせました。秀吉は、琉球や朝鮮の國王を大名と同じに考へてゐたので、もしこのすゝめに從はない場合には、軍を出してうち平げるつもりでゐました。ところが、その頃、琉球や
國中をしず めたお祝	朝鮮は、明に從つてゐたばかりでなく、わが國體を知らないので、たゞ秀吉が國中をしづめたお祝の使をつかはして來ただけでした。秀吉のこゝろざしはいよいよかた
唐入りの計 畫	く、朝鮮を通つて唐(から)入(い)りをする計畫をつぎつぎに進めてゐました。また、一方には、フィリピンやイン
フィリピン とインド	ドにも、たびたび使をつかはして手紙を送り、みいつになびくやうにすゝめました。
豐臣秀吉 (とよとみ ひでよし) の計畫 都定め	豐臣秀吉(とよとみひでよし)は、また、唐(から)入(い)りをして支那をしづめた後には、まづ今の北京(ペキン)に後陽成天皇(ごやうぜいてんのう)の行幸をあふぎ、こゝを都に定めて御めぐみをひろめ、さらに大名(だいみやう)たちをインドに進ませ、自分は、今の寧波(ニンポー)におもむいて、南洋方面の經營にあたらうと考へてゐま
東亞を一體 にする計畫	した。このやうに、東亞を一體にする大きな計畫は、秀吉が、海外發展(かいぐわいはつてん)のいきほひと、世界のうごきとを考へあはせてうち立てたもので、今日わ
東亞共榮圈 の建設	が國の目ざしてゐる東亞共榮圈(とうあきようえいけん)の建設(けんせつ)とたいそう似てゐます。

第十六　國威(こくゐ)のかゞやき

東亞一體の
いとぐち
唐入りの道
案內

豐臣秀吉(とよとみひでよし)は、朝鮮が使をよこして國中が平いだことを祝つたので、わが國威(こくゐ)になびいたと考へて、朝鮮に唐(から)入(い)りの道案內を命じ、大名(だいみやう)たちには、渡海(とかい)の準備を急がせました。ところが、その頃、朝鮮では、大臣をはじめ上下のものが、黨派(たうは)をたてて爭ひ、意見が一致しないために、秀吉の命令に對して、いろいろと論じあふだけで、方針が定まりませんでした。秀吉は、用意がすつかりできても、朝鮮から何のたよりもないので、まづ朝鮮に渡つて、そのこゝろざしをひろめ、さまたげるものがあれば、これを平げてから唐入りをすることに決心

豐臣秀吉の
決心

しました。さうして、大名たちの手分けをきめて、渡海の命令を下し、自分も、後陽成天皇(ごやうぜいてんのう)に御暇乞(おんいとまこひ)申しあげて京都(きやうと)の都を出發し、名護屋(なごや)におもむいて、唐入りの

大名の渡海

準備をすることにしました。そこで、大名たちは、小西行長(こにしゆきなが)・加藤淸正(かとうきよまさ)・黑田長政(くろだながまさ)らが先手になり、海を渡つて繰出しました。今から三百五十年ほど前のことであります。

戰爭のおこ
り

朝鮮では、秀吉の目あてがわからないために、戰爭がおこりました。大名たちは、つぎつぎに今の釜山(ふざん/慶尙南道)に着き、先手は京城を目ざして進みました。行長と淸正は、わづかに二十日足らずで、京城(けいじやう)にはいりました。秀吉は、さつそく、受持をきめて、

先手の京城
入り

朝鮮の各道を治めさせました。

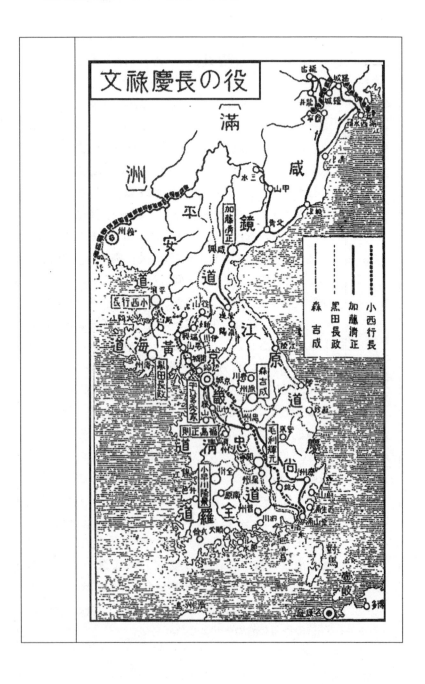

東亞一體の いとぐち 北京行幸の 用意 明軍(みん ぐん)との 戰 明の心配 明軍との戰 碧蹄の戰	宇喜多秀家(うきたひでいへ)は京城にとゞまり、平安道を受持つた行長は、進んで平壤(へいじやう/平安南道)にはいり、咸鏡道を受持つた淸正は、咸興(かんこう/咸鏡南道)にはいり、さらに會寧(くわいねい/咸鏡北道)から今の間島(かんたう)まで進みました。このやうにして、三月餘りの間に、朝鮮はたいてい平ぎ、しだいにみいつになびいて、東亞の一體になるいとぐちがひらかれてゆきました。そこで、秀吉は、さらに計畫を進め、勅許(ちよくきよ)をいたゞいて、北京(ペキン)に行幸をあふぐ用意にとりかゝり、公卿(くぎやう)たちにも、御供の仕度をはじめさせました。 さきに、朝鮮の王は、戰爭がおこると、豐臣秀吉(とよとみひでよし)のこゝろざしがわからないので、たいそう驚き、京城(けいじやう)を出て義州(ぎしう/平安北道)に向かひ、明(みん)に使を送つて救をたのみました。明は、かねてから、わが國にゐる支那人の知らせで、秀吉の計畫を知つて、心配してゐました。そこで、朝鮮で戰爭がはじまつたことを聞いて大いにおそれ、朝鮮の王に命じて、わが軍を防ぎとめて支那にせまらないやうにさせ、また、大軍を朝鮮にさし向けて來ました。そこで、大名たちは、明軍と戰を交へることになりました。明の大軍は、平壤(へいじやう)に攻めよせて、小西行長(こにしゆきなが)を退かせ、勢にまかせて京城にせまつて來ました。わが軍は、京城に集つて相談をきめ、小早川隆景(こばやかはたかかげ)らは、決死の覺悟で進軍し、碧蹄(へきてい/京幾道)の戰で、明軍を大いにうちやぶりました。

講和の條件	そこで、明は和睦を申しこんで來ました。秀吉は、ひとまづ和睦しようと考へ、約束をきめて軍をよびかへし、さらに勅許(ちよくきよ)をいたゞいて講和の條件(でうけん)を示しました。

碧蹄の戰

明(みん)の不信(ふしん)	その後、二年餘りの間、いろいろ交渉(かうせふ)がありましたが、明(みん)はとうとう豐臣秀吉(とよとみひでよし)に日本國王の號を授け、大名(だいみやう)たちにも、明の官職を贈ることにきめて、講和の使をよこしました。その時、秀吉は、大阪城(おほさかじやう)にかへつてゐましたが、明が少しも約束を守らない上に、わが國
講和の使	
國體をわきまへない無禮な態度明の不信を責める戰	體をわきまへない、無禮な態度を示したので、大いに怒つて、その使をおひかへしました。さうして、再び戰を開いて、明の不信(ふしん)を責めることに決心し、大名た

海岸地方の築城	ちに命じて、準備を急がせました。まづ加藤淸正(かとうきよまさ)をつかはして明の誠意をたしかめさせると共に、大名たちに大軍をひきゐて、朝鮮に渡らせました。諸將は、海岸地方に城を築いて根據(こんきよ)をかためました。今でも、その時築いた城の石垣が、はつきりのこつてゐる所もあります。やがて、わが國にゆづり受ける約束になつてゐた朝鮮の南部を平げて、稷山(しよくざん/忠淸南道)まで進み、明軍と戰つて、これをうち退けました。その後、各地で明軍と激戰(げきせん)を交へて、たびたびうちやぶりましたが、秀吉が病氣のためになくなると、大名たちは、遺命(ゐめい)によつて軍を引上げました。このやうにして、およそ十六萬の大軍が、二度も海を渡り、前後七年にわたつた大きな戰はをはりました。當時の年號によつて、文祿慶長(ぶんろくけいちやう)の役(えき)とよばれてゐます。
稷山の戰	
秀吉の遺命	
文祿慶長の役	
國威(こくゐ)のかゞやき	豐臣秀吉(とよとみひでよし)は、東亞を一體にしようとこゝろざして、いとぐちをひらきましたが、目的を果さないうちになくなりました。しかし、海を渡つて朝鮮におもむいた將士は、勇敢に戰つて武名をとゞろかし、秀吉の命をまもつて、皇室の御めぐみをひろめることに力をつくしたので、國威(こくゐ)は大いに海外(かいぐわい)にかゞやきました。そこで、國民の元氣はますます盛になり、發展のいきほひはめざましくなりました。
豐臣秀吉のこゝろざし	
國威のかゞやき 國民の元氣	

第十七　貿易のにぎはひ

後陽成天皇(ごやうぜいてんのう)は、やがて、德川家康(とくがはいへやす)に征夷大將軍(せいいだいしやうぐん)をお授けになつて、太平のもとゐをかためさせられました。家康は、かねてから豐臣秀吉(とよとみひでよし)のてがらで、みいつのひかりがひろまり、國中がよく治つて國力が充實し、國威(こくゐ)が海外(かいぐわい)にかゞやき、國民の元氣が盛になつたのを見て、海外の國々と親しいまじはりをむすび、平和なゆききをつゞけ、國民の海外渡航(とかう)を盛にして、貿易を獎勵(しやうれい)しなければならないと考へてゐました。そこで、まづ朝鮮とまじはりをむすばうとして、前から朝鮮と關係(くわんけい)の深い對馬(つしま)の宗氏(そううぢ)に取次がせました。ちやうどその頃、朝鮮では、まだ明軍がひきつゞきとゞまつてゐて、人民をなやまし、どうしてもかへらないので、本國に願ひ出て、これを引上げさせてもらひました。朝鮮は、明軍が來てからこのかた、何事につけても、明の大將たちのさしづに從ふほかありませんでしたが、この時になつて、はじめて自分でわが國と交涉(かうせふ)することができるやうになりました。そこで、宗氏は、朝鮮とたびたび相談を重ねて、後陽成天皇のみ代の末には、朝鮮から使が來て、德川氏とまじはりをひらきました。さうして、後には、德川氏が、代々征夷大將軍の職をいたゞくと、朝鮮からは、そのたびごとに、通信使(つうしんし)が來て、お祝の挨拶(あいさつ)を

釜山貿易の
にぎはひ

明とのまじ
はり

長崎の貿易

するやうになりました。また、朝鮮では、釜山(ふざん)に和館(わくわん)を置いて、對馬と貿易を營むやうになり、對馬からは銅や南洋の物産を賣り、綿織物(めんおりもの)や米を買取つて、取引がたいそうにぎはひました。このやうな關係は、明治天皇(めいぢてんのう)が、朝鮮と國のまじはりをおひらきになるまでつゞきました。家康は、さらに、島津氏(しまづうぢ)に命じ、琉球(りうきう)をうち從へ、明とまじはりをむすぶなかだちにしようと試みました。

釜山貿易のにぎはひ(和館)

けれども、明は、わが國をおそれてゐたので、交渉は少しもはかどりませんでした。それにもかゝはらず、支那人は、しきりにわが國に渡つて來て、長崎(ながさき)の港

で貿易がにぎはつてゐました。この關係も、明治天皇が
淸(しん)と國のまじはりをおひらきになるまで、久しく
つゞきました。

釜山貿易のにぎはひ(和館)

ヨーロッパの國々とのゆきき
ポルトガル人との貿易

ヨーロッパの國々の中では、引つゞきポルトガル人のゆ
ききが盛で、おもにマカオで仕入れた支那の生絲(きい
と)を賣りに來ました。德川家康(とくがはいへやす)は、
長崎(ながさき)に役人を置いて取りしまらせ、商人の組
合(くみあひ)をつくつて、取引を便利にさせました。そ
の上、家康は、はやくからヨーロッパ人を顧問(こもん)
にして世界の樣子をしらべ、貿易を盛にするのには、さ
らにひろくヨーロッパの國々とまじはりをひらかなけれ
ばならないと考へ、使を出して交涉(かうせふ)させました。

世界の樣子

イスパニヤとのゆきき	さきに、ヨーロッパでは、イスパニヤが、ポルトガルを合併したので、一時は至るところに植民地があつて、世界で一ばん盛な國になつてゐました。その頃、イスパニヤ人は、ルソンからゆききしてゐたので、家康は、さらにイスパニヤの本國や、その領地のメキシコにも、たびたび手紙を送つて貿易を求めました。京都(きやうと)の商人田中勝介(たなかしようすけ)が、はるばる太平洋を渡つてメキシコにおもむいたのも、仙臺(せんだい/宮城縣:みやぎけん)の大名(だいみやう)であつた伊達政宗(だてまさむね)の家來の支倉常長(はせくらつねなが)が、メキシコにゆき、さらに大西洋(たいせいやう)をこえてイスパニヤに渡り、イタリヤにはいつて、前後七年の間、各地をめぐつて來たのも、これがためであります。もはやこの頃は、イギリスが強くなつて、イスパニヤをうちやぶり、またイスパニヤの領地からオランダ人がおこつて國を建て、東亞にも勢をのばし、植民地をひろめてゐました。家康は、オランダ・イギリスとの間にまじはりをむすび、平戸(ひらど)の港で貿易を營ませました。その頃、オランダは、東インド諸島を占領して盛になり、しだいにイスパニヤ・ポルトガルをしのぐやうになりました。また、當時、明は支那人が海外に出かけるのを禁じてゐましたが、ひそかに臺灣や南洋の方面に渡つて貿易を營むものが多かつたので、オランダ人は、インドシナ半島に勢をのばし、さらに臺灣に根據(こんきよ)をつくり、支那人と貿易して發展(はつてん)し、買入れた生絲をわが國に賣りに來ました。その後、オランダは、臺灣

オランダ人 の貿易	から退きましたが、バタビヤを根據にして、しだいにイギリスの勢力をおさへ、わが國からも引上げさせました。やがて、わが國でポルトガル人のゆききがさしとめられた後は、德川氏が再びヨーロッパの國々とひろくまじはりをむすぶまで、三百年近くも、獨りでわが國との貿易を營んでゐました。  海上發展(朱印船の貿易)

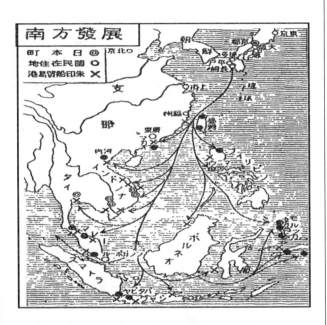

海外渡航(かいぐわいとかう)の發展(はつてん)	徳川家康(とくがはいへやす)は、國民の海外(かいぐわい)に渡航(とかう)するのを奬勵(しやうれい)し、豐臣秀吉(とよとみひでよし)にならつて、大名(だいみやう)をはじめ、寺や商人に許可證(きよかしよう)をあたへて貿易船を出させました。許可證には、朱印(しゆいん)をおしたので、この船を朱印船(しゆいんせん)とよびました。こ
朱印船の貿易	れから、國民はますます海外に發展(はつてん)するやうになり、近くは今の臺灣から、遠くはマレー諸島やインドシナ半島などの各地にゆききしました。さうして、こ
支那人との取引	の地方の物産を買入れたばかりでなく、明から出かけて來る支那人との間に、生絲(きいと)などの取引が盛でした。

日本町のに ぎはひ	したがつて、ゆききの多い港には男も女も大ぜい移住(い ぢゆう)して商業を營み、日本町(にほんまち)もできて、 にぎはつてゐた所が少くありませんでした。

國民の海外發展(インドシナ半島の日本町)

國民の元氣	インドシナ半島には、今でも、その遺跡(ゐせき)がのこ つてゐて、當時の有様がしのばれます。ちやうど、ヨー ロッパ人の勢力も、ますますこの方面にひろまつて來ま したが、朱印船の活動も、しだいにめざましくなつてゆ きました。したがつて、國民の元氣はますます盛にな り、相きそつて海外に渡航するやうになりました。この やうにして、後陽成天皇(ごやうぜいてんのう)から第百 八代後水尾天皇(ごみづのをてんのう)のみ代にかけて、 國民の海外發展のいきほひは一だんとひろまりました。

第十八　神國(しんこく)のまもり

さきに、豐臣秀吉(とよとみひでよし)は、神國(しんこく)のまもりをかためるために、キリスト教をさしとめました。德川家康(とくがはいへやす)も、キリスト教を禁じてゐました。しかし、ひきつづきポルトガル人やイスパニヤ人のゆききがしげく、貿易がにぎはつてゐたので、宣教師(せんけうし)がひそかに入りこんで教をひろめ、また、海外(かいぐわい)に出かけて、信者になつてかへるものも少くありませんでした。その頃ひろまつてゐたキリスト教は、ポルトガルやイスパニヤから傳はつた舊教(きうけう)で、信者の中には、神國のほこりをそこなふやうなふるまひが、ますます多くなりました。そこで、後陽成天皇(ごやうぜいてんのう)のみ代の末に、家康は、きびしくキリスト教禁止のきまりを立てました。

やがて、後水尾天皇(ごみづのをてんのう)のみ代に、家康の孫の家光(いへみつ)は、征夷大將軍(せいいだいしやうぐん)の職をいたゞくと、家康の方針をうけついで、太平のもとゐをかためなければならないとこゝろざしました。そこで、海外とのゆききをこれまでのとほりにしておいては、たうていキリスト教をすつかり禁ずるわけにはゆかないと考へました。さうして、第百九代明正天皇(めいしやうてんのう)のみ代になると、貿易を取りしまり、思ひきつて信者をきびしく罰すると共に、國民の海外に渡航(とかう)することを一切さしとめ、海外に移住(いぢゆう)してゐたもののかへつて來ることまでも、禁じ

日本町の衰へ	てしまひました。これがために、一年ましに盛になつてゐた國民の海外に發展するいきほひは、すつかりおさへられてしまつたので、一時大いににぎはつてゐた、各地の日本町(にほんまち)も、ゆききをたゝれて、しだいに衰へてゆきました。

オランダ人の貿易

ポルトガル人渡來のさしとめ キリスト教信者の亂 ポルトガル人渡來のさしとめ	間もなく、九州の島原半島(しまばらはんたう)や天草島(あまくさじま)などにゐたキリスト教の信者は、禁止がきびしいので、亂をおこしました。徳川家光(とくがはいへみつ)は、ただちにこれを討(う)たせましたが、思ひの外、長くかゝりました。そこで、ますますきまりをきびしくして、キリスト教を根だやしにしなければならないと考へました。さうして、ポルトガル人が、わが國に渡來するのをさしとめてしまひました。それから、ヨーロッパ人では、オランダ人だけが、支那人と同じに、長崎

長崎の貿易	(ながさき)の港に商館(しやうくわん)を設けて、貿易を營むことをゆるされてゐました。オランダ人は、キリスト教をひろめようとは考へないで、もつぱら貿易だけを目あてに渡來したからであります。
神國(しんこく)のまもり 思ひきつた方針 國内一體のさまたげ 防共の精神 佛教のひろまり 太平のめぐみ 神國のほこり 文化の進み 發展進取の精神	德川家光(とくがはいへみつ)が、キリスト教禁止のために、思ひきつた方針をとつたのは、この教が、わが國に傳はつてから久しくたつても、少しも國がらにかなふやうにならないで、信者がとかく國内一體のさまたげになり、神國(しんこく)のほこりをきずつけるおそれがあつたからで、これによつて、神國のまもりがかためられました。今日、わが國が力を入れてゐる防共(ばうきよう)の精神とも、似かよつたところがあります。家光は、キリスト教の傳はるのを防いだばかりでなく、さらに佛教をひろめさせました。佛教は、はやくからわが國がらにかなつた教になつてゐて、佛も神と同じやうにみ國をまもると信ぜられてゐたので、國中をしづめるのにたいそう役立ちました。さうして、國民はこれから、太平のめぐみをうけ、海外からかきみだされることなく、國力を充實することができました。その上、神國のほこりをかへりみ、わが國もちまへのすぐれた精神をもとにして、新たに、進んだ文化をつくりあげました。支那の學問がわが國がらにかなふやうに說かれて來たのも、國史や國文の研究が進んだのも、みなそのあらはれであります。また、海外(かいぐわい)とのゆききにあらはれた發展進取(はつてんしんしゆ)の精神は、つねに長崎(ながさき)の港を通じて傳はつて來る、世界の樣子とヨーロッパ文化

世界雄飛の もとゐ	の流とにむすびついて、さらに力強く養はれてゆきました。さうして、明治天皇(めいぢてんのう)のみ代から世界に雄飛(ゆうひ)するもとゐがきづかれてゐました。

第十九　發展(はつてん)のもとゐ

太平のめぐみ	後陽成天皇(ごやうぜいてんのう)が太平のもとゐをおかためになつてから、久しい間、國民は太平のめぐみをうけて、わが國の發展(はつてん)のもとゐをきづきました。御代々の天皇は、まつりごとをたいてい江戸(えど)の幕府(ばくふ)におまかせになりました。徳川家康(とくがはいへやす)の子孫は、ひきつゞき征夷大將軍(せいいだいしやうぐん)の職をいたゞいて、かたく先祖家康のおきてを守り、しだいに制度をとゝのへて、國中をしづめました。幕府では、征夷大將軍を中心にして、老中(らうぢゆう)が相談して政治を行ひました。また、地方の政治は大名にまかせましたが、取りしまりをきびしくした上に、國中の要所(えうしよ)には、徳川氏の一族や、もとから家來であつたものを置きました。そこで、征夷大將軍の命令が十分に行はれて、大名は政治にはげみ、國中がよく治りました。さうして、武士は社會(しやくわい)の中心になり、農業や商工業を營むものは百姓や町人(ちやうにん)とよばれ、政治にも軍事にもあづかることができませんでした。その上、なかなか身分や職業をかへることをゆるしませんでした。けれども、世の中が進むにしたがつて、百姓や町人の力ものびてゆきました。
發展のもとゐ 江戸の幕府	
先祖のおきて	
幕府の政治	
大名の取りしまり	
社會の中心	
地方發展のもとゐ	國中がよく治るにつれて、京都(きやうと)の都をはじめ、もと豐臣氏(とよとみうぢ)のゐた大阪(おほさか)や江戸(えど)の幕府(ばくふ)のあつた東京(とうきやう)がにぎはつて、文化發展(はつてん)の中心になつてゐました。

城下町のに
ぎはひ

さうして、地方では、大名(だいみやう)の住んでゐる城のまはりには、前から町ができてゐました。これを城下町(じやうかまち)とよび、太平の世になると、ますますにぎはつて、地方開發のもとゐになりました。ひきつゞき發展して、今でも、縣廳の所在地や、産業・交通の中心や、商工業の盛な所になつてゐるものがたくさんあります。

發展のもとゐ

また、大名が、征夷大將軍(せいいだいしやうぐん)に挨拶(あいさつ)をするために、たびたび盛な行列(ぎやうれつ)をとゝのへて、東京にゆききするなど、交通がしげくなつたので、道路もたいそうひらけ、文化の流が、地方にゆきわたりました。今、わが國の鐵道には、その頃の道路に沿つてゐるものが少くありません。さうして、貨幣

交通の發達

商業の進み	（くわへい）の制度もますますとゝのひ、物の賣買が盛になつて、商業が進み、地方はひらけ、しだいに町人（ちやうにん）の勢力が、社會に重んぜられるやうになつて來ました。

貨幣のいろいろ（商業の進み）

産業の進み	わが國の産業の中で、農業が最も重んぜられることは、いつの代にもかはりありませんでした。江戸(えど)の幕府(ばくふ)をはじめ、大名(だいみやう)たちは、しきりに
農業の奬勵	農業を奬勵(しやうれい)して、百姓には勤勉にはたらくことをすゝめ、農事の改良につとめ、植林を盛にし、新田(しんでん)をひらき、水利をおこさせて、米が多くとれるやうに力を入れました。それで、しだいに産額が増し、京都(きやうと)や大阪(おほさか)・東京(とうきやう)をはじめ、大名の城下町(じやうかまち)などのにぎはひにつれて、米の運送や賣買もひらけて來ました。第百十二代靈元天皇(れいげんてんのう)のみ代には、東京の商人に、河村瑞賢(かはむらずゐけん)といふものがゐて、奥羽地方の米を大阪や東京に運送する航路をひらいたので、取引が盛になりました。その頃、大阪はすでに、大
大阪の發展	名が領地の産物を賣買するので、たいそうにぎはつてゐましたが、しだいに發展(はつてん)して、全國商業の一大中心になり、今日のもとゐがきづかれました。さうし
商業の進み	て、進んだ商業のきまりや取引のならはしが各地にひろまり、一方には、商人にりつぱな心がまへが養はれてゆきました。また、世の中がひらけるにつれて、各地方
地方商業の進み	で、いろいろの産業が進みました。その上、第百十四代中御門天皇(なかみかどてんのう)のみ代に、征夷大將軍
徳川吉宗の産業奬勵	(せいいだいしやうぐん)の職をいたゞいた徳川吉宗(とくがはよしむね)は、太平になれてとかくゆるみがちな人心をひきしめ、先祖家康のおきてをかたく守り、儉約をすゝめ、産業の開發を奬勵したので、大名もこれになら
綿織物の産出	ひ、地方はいよいよひらけました。棉(わた)がひろまつて、

製絲(せいし)の發展

生絲絹織物
の産出

久しい間、朝鮮から輸入してゐた綿織物(めんおりもの)も、國産で間にあふやうになりました。養蠶(やうさん)がひろまつて、長崎(ながさき)で盛に輸入してゐた生絲(きいと)も、しまひには輸出するほどになり、さらに絹織物がいろいろつくり出されました。とりわけ、奥羽地方や關東地方・中部地方に盛になり、後に明治天皇(めいぢてんのう)のみ代からは、ますます發展して、生絲や絹織物は、わが國で一ばんおもな輸出品になりました。ま

工藝品と名
産のおこり

た、陶磁器(たうじき)や漆器(しつき)のやうな工藝品も、方々で製造されるやうになり、各地におこつた名産には、今でも名高いものがあります。このやうにして、太

産業發展の
もとゐ

平のめぐみによつて、しだいに産業發展のもとゐができました。

第二十　國民の目ざめ(一)

世界のうごき
　フランス・
　イギリスと
　ロシヤ

新しい學術
の進み
産業のうつ
りかはり

わが國で發展のもとゐがきづかれてゆく間に、世界の樣子は、たいそうかはりました。ヨーロッパでは、ポルトガルやイスパニヤ・オランダなどが衰へて、フランスやイギリスが盛になり、またロシヤの勢がふるつて來ました。さうして、ヨーロッパの國々では、新しい學術が進み、機械が發明されて、工業がひらけ、産業に大きなうつりかはりがありました。

世界のうごき

それにともなつて、原料の買入れや、製品の賣さばきのため、世界各地で互に植民地をうばひあふやうになりました。アジヤでは、さきに滿洲からおこつた淸(しん)の勢

清の支那統一	が強くなり、今の奉天(ほうてん)を都にして、滿洲・蒙古(もうこ)を平げ、朝鮮をうち從へ、さらに明がほろびた後には、進んで都を北京(ペキン)に定め、支那を統一(とういつ)して、昔の唐(たう)にも劣らない盛な國になりました。また、インドには、ムガール帝國があつて、一時は大いにさかえました。インドや支那は、物資がゆたかでしたから、ヨーロッパ人の勢が、この方面にのびて來ました。ロシヤは、シベリヤからオホーツク海の沿岸にあらはれ、しだいに清にせまりました。イギリスは、フランスと相きそつてインドに勢をひろめ、ポルトガル人をおさへ、フランス人をうちやぶり、ムガール帝國を從へて、さらに清と貿易をひらきました。また、北アメリカにあつたイギリスの植民地から、アメリカ合衆國(がつしゆうこく)がおこつて盛になり、太平洋をこえて、支那と貿易をはじめました。このやうにして、ロシヤ・イギリスやアメリカの勢力が、東亞にひろまり、わが國にもせまつて來ました。
インドや支那とヨーロッパ人の勢	
アメリカ合衆國のおこり	
新しい學術の傳はり 海外の様子	江戸(えど)の幕府(ばくふ)は、海外(かいぐわい)とのゆききを大いに制限しましたが、海外の様子には注意をおこたらないで、對馬(つしま)の宗氏(そううぢ)に命じて、朝鮮を通して大陸の様子をさぐらせたり、オランダの商館長(しやうくわんちやう)が挨拶(あいさつ)に來た時に世界の形勢を聞いたりしてゐました。しかし、國民は、しだいに世界のうごきにうとくなりました。やがて、征夷大將軍(せいいだいしやうぐん)德川吉宗(とくがはよしむね)は、ヨーロッパで新しい學術が進んでゐることを知つて、わが
德川吉宗の考	

新しい學術 のひろまり	國にもとり入れたいと考へました。そこで、キリスト教にかゝはりのないヨーロッパの書物を讀むことをゆるし、青木敦書(あをきあつのり)を長崎(ながさき)につかはして、オランダ語を學ばせました。それからは、オランダから來た書物を翻譯(ほんやく)したり、長崎に行つてオランダ人から學問を傳へたりするものがあらはれて、新しい學術がひろまつて來ました。中でも、醫學が一ばん進み、電氣を研究したり、測量(そくりやう)の術を學んだり、世界の樣子をしらべたりするものもゐました。
ヨーロッパ 文化と入れ のもとゐ	さうして、おさへられてゐた國民もちまへの發展進取(はつてんしんしゆ)の精神は、しだいに發揮され、明治天皇(めいぢてんのう)のみ代になつて、ヨーロッパの文化をとり入れて、大いに發展するもとゐがきづかれてゆきました。
先覺者(せ んかくし や)のあら はれ 海外とのゆ ききの方針	新しい學術を研究した人々の中には、しだいに先覺者(せんかくしや)があらはれ、海外(かいぐわい)とのゆききについて、方針を改めなければならないと考へるものが多くなつて來ました。第百十九代光格天皇(くわうかくてんのう)のみ代に、仙臺(せんだい/宮城縣:みやぎけん)の人
世界のきそ ひ	林友直(はやしともなほ)は、新しい學問をまなび、とりわけ地理が好きで、國中をめぐつて實地を取りしらべ、長崎(ながさき)に行つてオランダ人から海外の形勢を聞いて、世界の國々のきそひは、海上の交通を中心にして行はれるやうになることをさとり、わが國は、四面海にかこまれてゐるので、海のまもりをなほざりにしてはな
海防の論	らないと考へ、海國兵談(かいこくへいだん)をあらはして、

國民の目ざめ 國力充實大陸發展の論 國體のさとり 神國のほこり	海防(かいばう)の必要を論じました。ところが、幕府では、世の中をさわがすものであるとして、この書物や版木を取り上げて、友直を罰しました。けれども、間もなく、ロシヤとの交渉(かうせふ)がおこつて、友直の考がまちがつてゐなかつたことが證據(しようこ)立てられたので、國民は目ざめて來ました。また、佐藤信淵(さとうのぶひろ)のやうに、國學(こくがく)をもとにして、支那やヨーロッパの學問をとり入れ、わが國の發展(はつてん)の本義を明らかにし、生活のもとゐである農業を改良して國力を充實し、大陸に發展して東亞をまもり、皇國の目あてに向かつて進まなければならないと、論ずるものもあつて、國民の考は、しだいに發展しました。その上、この頃は、國史や國文の研究がひろまつて、み國のすがたが明らかになり、わが國の尊い國體をさとつて、勤王(きんわう)のこゝろざしをいだくものが多くなつてゐました。さうして、國民は、いろいろ論じあひながらも、みな、神國(しんこく)のほこりをきずつけてはならないと、決心をかためるやうになりました。

第二十一　國民の目ざめ(二)

北方のかため

蝦夷地のしらべ

さきに、ロシヤ人は、カムチャシカから千島列島(ちしまれつたう)にはいつて來ました。その頃、北海道や千島から樺太(からふと)のあたりは、蝦夷地(えぞち)とよばれ、まだひらけてゐませんでした。江戸(えど)の幕府(ばくふ)は、ロシヤ人が千島にゆききするのを知ると、役人をつかはして、千島や樺太をしらべさせました。間もなく、光格天皇(くわうかくてんのう)のみ代に、ロシヤから使が來て通商を求めました。今から百四十年餘り前のことで、これからロシヤとの交渉(かうせふ)がおこりました。

ロシヤとの交渉

ちやうど、德川家齊(とくがはいへなり)が征夷大將軍(せいいだいしやうぐん)で、松平定信(まつだひらさだのぶ)が老中(らうぢゆう)として政治に力を入れ、とかくゆるみがちであつた幕府のきまりを引きしめてゐる頃であります。幕府では、先祖のおきてにそむくことはできないといつて、ロシヤの申し出をことわりました。その後も、ロシヤの使が來ましたが、同じやうに受附けなかつたので、中には、これをうらんで、らんばうをするものもありました。そこで、幕府は、役人をつかはして蝦夷地を治め、にはかに海のまもりをかためました。定信は自分で相模灣(さがみわん)の沿岸を見てまはり、近藤守重(こんどうもりしげ)は北海道や千島の海岸をしらべ、伊能忠敬(いのうたゞたか)は北海道の東海岸をはじめ全國にわたり、くはしく測量(そくりやう)して地圖を作り、その弟子の間宮倫宗(まみやともむね)は北海道の西

海のまもりと探檢測量

海のまもり(伊能忠敬の測量)

海岸を測量し、樺太から沿海州(えんかいしう)にわたつて探検を試みました。これから、蝦夷地の開拓經營(かいたくけいえい)について意見をとなへるものがつぎつぎにあらはれ、北方のかためは、しだいに進みました。しかし、千島列島の北半分は、すでにロシヤに占領され、樺太にも、ロシヤ人が渡つて來ました。

ロシヤの勢が北からせまつて來る頃に、南からはイギリスの勢がのびて來ました。イギリスの軍艦が、勝手にわが國の沿岸を測量(そくりやう)したり、海岸を荒したりしたこともありました。そこで、海防(かいばう)の論はますます盛になつて、第百二十代仁孝天皇(にんかうてんのう)のみ代に、江戸(えど)の幕府(ばくふ)は、とうとう、外國船が近づいた時には、たゞちに打拂はせることにきめました。さうして、國土のまもりをかためるためには、十分な軍備(ぐんび)がなければならないと考へて、新しい武器や戰術の研究を盛にしました。江川英龍(えがはひでたつ)が、ヨーロッパの技術をとり入れて、今

蝦夷地開拓
經營の意見

北方のかため

國土のまもり

イギリスの
勝手なふる
まひ

外國船の打
拂ひ

新しい武器
戰術の研究

神國のまもり

の沼津(ぬまづ/靜岡縣:しづをかけん)の近くに反射爐(はんしやろ)を造つて大砲を鑄(い)たり、東京で大名(だいみやう)の家來たちに、新しい戰術を授けて、今日行はれてゐる練兵(れんぺい)のもとゐをひらいたりしたのも、この頃であります。大名の中にも、水戸(みと)の德川齊昭(とくがはなりあき)や、鹿兒島(かごしま)の島津齊彬(しまづなりあきら)のやうに、ヨーロッパの文物をとり入れて、軍備をとゝのへ、神國(しんこく)のまもりをかためなければならないと、熱心にとなへるものがゐました。

國土のまもり(江川英龍の反射爐)

海外の形勢

また、みだりに外國船を打拂ふのは、かへつてみ國のためにならないと考へ、外國と親しくしなければならないと論ずるものもあつて、國中がさわがしくなりました。ちやうどその頃、海外の形勢はますますさしせまつて來ました。イギリスは、淸(しん)と戰つて香港(ホンコン)をとり、しだいに支那に勢をのばしました。そこで、幕府は、

オランダか
らのすゝめ

孝明天皇の
おぼしめし

さらに海のまもりをかためると共に、外國船の打拂ひを
さしとめました。やがて、オランダの國王から使が來
て、イギリスは武力で勢をひろめようとしてゐることを
告げ、蒸汽船(じようきせん)が發明されて、海上のゆき
きは便利になり、世界の國々が互に近づいて來た際に、
海外(かいぐわい)とのゆききをしないことの不利を說
き、國のまじはりをひらくやうにすゝめました。しか
し、幕府の方針はきまりませんでした。間もなく、第百
二十一代孝明天皇(かうめいてんのう)が、み位におつき
になつて、この有様をみそなはし、幕府をかたくお戒め
になつて、神國のほこりをきずつけることのないやうに
國防(こくばう)をおかためさせになり、外國船が渡つて
來た場合には、一々朝延に申し上げるやうに仰せ出され
ました。

國民の目ざめ(アメリカの使)

攘夷(じや うい)と開 港(かいか う) アメリカか らの申し出	このやうな時に、アメリカの使ペリーが、軍艦をひきゐて浦賀(うらが/神奈川縣:がながはけん)に來て、國のまじはりをむすびたいと申し出ました。今から九十年ほど前のことで、アメリカは、支那とゆききをするため、途中立ちよる港を得たいと考へてゐたからであります。

國民の目ざめ(アメリカの使)

	江戸(えど)の幕府(ばくふ)は、事が重大なので、ひとまづペリーをかへらせ、すぐ朝廷に申しあげておさしづをあふぎました。さうして、一方には、ひろく大名(だいみやう)の意見を聞きました。ところが、意見が攘夷(じやうい)と開港(かいかう)とに分かれ、なかなかまとまらないで、はげしく論じあひました。しかし、いづれも、愛國の志氣にあふれた熱心な議論であることには、かはりありませんでした。
攘夷と開港 の論 愛國の志氣	

國のまじはり	さうして、翌年、江戸(えど)の幕府(ばくふ)では、まだ方針がきまらないうちに、ペリーが、また軍艦をひきゐて久里濱(くりはま/神奈川縣:かながはけん)に來ました。幕
和親條約	府はとうとう和親條約(わしんでうやく)をむすび、下田(しもだ/靜岡縣:しづをかけん)・函館(はこだて/北海道)の二港を開いて、アメリカの船が、薪や水や食料などを求めに立ちよることをゆるしました。間もなく、アメリカ
ハリスのすすめ	から、ハリスが下田の總領事(そうりやうじ)になつて來ました。ハリスは、征夷大將軍(せいいだいしやうぐん)徳川家定(とくがはいへさだ)に、世界の大勢を説いて通
通商條約勅許の御願い	商をひらくことをすゝめました。幕府も、つひに通商條約をむすぶことに決心して、勅許(ちよくきよ)をいたゞくやうに、朝廷に御願ひ申しあげました。ところが、ハリスに急がされて、おそれ多くも、御ゆるしを待たないで、今の函館・横濱(よこはま)・長崎(ながさき)・新潟(にひがた)・神戸(かうべ)などの港で貿易することをみとめ、
條約の取りきめ	條約を取りきめてしまひました。當時の年號によつて、安政(あんせい)の假條約(かりでうやく)とよびます。つゞいて、オランダ・ロシヤ・イギリス・フランスとも、同じやうな約束ができました。そこで、幕府が國防(こくばう)をかためることができないで、勅許をまたずに、國の
國のまじはり	まじはりをむすんだことをとがめて、幕府を討ちたふし、まつりごとが、すべて天皇のおぼしめしのまゝに進められるやうに改め、ヨーロッパやアメリカの人々を打
孝明天皇のまつりごと	拂はなければならないと論ずるものがあらはれました。孝明天皇(かうめいてんのう)は、國中一體になつて、神

攘夷の御祈り	國(しんこく)のまもりをかためたいとおぼしめしになり、征夷大將軍德川家茂(とくがはいへもち)をお召しになつて、外國船の打拂ひを命ぜられました。さうして、家茂をはじめ大名たちをお從へになつて、新しく賀茂神社(かもじんじや)に行幸あらせられ、攘夷(じやうい)を御祈りになりました。天皇は、やがて、内外の形勢をみそなはし、攘夷はおだやかでないとおぼしめしになり、幕府に命じて、まづ國中をしづめることに力を入れさせられました。
國中のしづめ	
和親のおぼしめし	やがて明治天皇(めいぢてんのう)が、王政復古(わうせいふくこ)によつて一新のもとゐをおひらきになると、國民はみな、ほんたうに目ざめました。さうして、大政の御一新によつて、公卿(くぎやう)も、大名(だいみやう)も、武士も、百姓も、町人も、わけへだてない御めぐみにうるほひ、心をあはせて忠義をつくし、國中は一體になりました。天皇は、世界の大勢をみそなはし、外交については、和親の方針をおたてになり、はつきりと條約を定めて國のまじはりをひらき、公使をおつかはしになりました。また、岩倉具視(いはくらともみ)らに命じて、アメリカやヨーロッパの國々をめぐつて、ますます親しみを重ね、あはせて世界の樣子を視察(しさつ)させられました。このやうにして、國民は、天皇の御みちびきのまゝに、一すぢに皇國の目あてに向かつて進むことができました。
大政御一新	
和親の方針	
岩倉具視らの海外視察	
皇國の目あて	

第二十二　東亞のまもり(一)

國土のかため

イギリスフランスの勢力

ロシヤの南下

北方國境のきまり

國土のかため

朝鮮とのまじはり
朝鮮の衰へ

朝鮮とヨーロッパアメリカの國々

わが國で御一新のまつりごとがとゝのつてゆく間に、ヨーロッパ人の勢力が、ますます東亞にひろまつて來ました。イギリスは、淸(しん)の內亂につけこんで、フランスと力をあはせて、支那に勢力をひろめました。その上、インドをすつかりとつて、さらに、まはりの國々をあはせました。フランスも、インドシナ半島の國々を從へて、南から勢をはつて來ました。ロシヤは、中央アジヤの國々を從へ、また、淸から黑龍江(こくりゆうかう)の下流地方や沿海州(えんかいしう)をとり、ウラヂボストックに根據(こんきよ)をつくり、北からわが北海道や樺太(からふと)にせまり、朝鮮や滿洲へ勢をのばさうとしました。わが國は、ロシヤに樺太をゆづり、千島(ちしま)を收めて、北方の國境をはつきりときめ、北海道開拓(かいたく)のもとゐをかため、また、淸が臺灣(たいわん)を治め、琉球(りうきう)がわが國にはいることをきめ、さらに小笠原諸島(をがさはらしよたう)がわが領土であることを明らかにし、國土の範圍をかためて、みだりに外から侵されないやうにしました。

朝鮮は、淸にうち從へられた頃から、黨派(たうは)の爭がますますはげしく、しだいに衰へました。ヨーロッパやアメリカの國々は、わが國とのゆききをひらくと、朝鮮へも目をつけはじめました。その頃、朝鮮では、フランスの宣敎師(せんけうし)がひそかにはいつてキリスト敎をひろめ、黨派の爭につけこんで國をみだしたので、

明治天皇の おぼしめし 國交のおこ り	きびしく宣教師(せんけうし)や信者を罰しました。ところが、フランスの軍艦が、宣教師の殺されたことをとがめて、京城(けいじやう)近くへ攻めて來ました。また、同じ頃、アメリカの船が、貿易を求めに來て、平壤(へいじやう/平安南道)のあたりを荒しました。そこで、朝鮮では、たいそうヨーロッパやアメリカの人人をきらつてゐました。明治天皇(めいぢてんのう)は、朝鮮と親しみを深くし、力をあはせて東亞のまもりをかためたいとおぼしめしになり、使をつかはして、國のまじはりをひらくやうにおすゝめになりました。しかし、わが國がヨーロッパやアメリカの國々と親しいので、はじめは聞きいれませんでした。そのうちに、世界の樣子をさとるものが出て、あらためて國交をむすび、これまで貿易港であつた釜山(ふざん)の外に、仁川(じんせん)や元山(げんざん)の港を開きました。やがて、朝鮮は、ヨーロッパやアメリカの國々とも、まじはりをむすびました。
内鮮一體の いとぐち 朝鮮の目ざ め 内鮮一體の いとぐち 淸のさまた げ ロシヤの勢	朝鮮では、わが國が新しい文化をとり入れ、日ましにひらけてゆくのを見て、目ざめた人々が、わが國にならつて、國力をもりかへさなければならないと、考へるやうになりました。今日のやうに、内鮮一體になるいとぐちがひらけたのであります。ところが、淸(しん)は、昔のまゝに自分の力をかりて勢をふるひたいとのぞんでゐるものをたすけて、これをさまたげました。そのために、朝鮮では、相かはらず、うちわもめがたえませんでした。それにつけこんで、ロシヤが勢をのばして來たので、朝鮮の政治はますますみだれました。わが國は、朝

朝鮮の内亂	鮮がよく治るやうに、大いに力をつくしてゐましたが、いつも清にさまたげられました。明治二十七年には、とうとう朝鮮で内亂がおこりました。わが國と清とは、兵を出してこれをしづめました。その時、わが國は、清と力をあはせて朝鮮をみちびき、政治を改めさせようと申し出ました。清は、これを聞きいれないばかりでなく、
清との戰	かへつて、わが國に戰をしかけて來ました。そこで、明治天皇(めいぢてんのう)は、つひに清に對して宣戰(せんせん)したまひ、さつそく海陸の大軍を出して、戰をおひらきになりました。

明治二十七八年戰役

	わが軍は、まづ朝鮮に來てゐる清軍をうちやぶり、たちまち、南滿洲(みなみまんしう)に攻入りました。天皇(てんのう)は、おそれ多くも、大本營を廣島(ひろしま)にお進めになり、日夜したしく軍務をおすべになりました。
み國のほまれ	國民は、み國のほまれをあげるのは、この時ぞと、上下心をあはせてふるひたちました。出征將兵は、勇ましく戰つて、みいつをかゞやかしました。わが軍は、遼東半島(れうとうはんたう)を占領し、旅順(りよじゆん)を攻めおとし、また、清の海軍をやぶつて、威海衛(ゐかいゑい)の根據地(こんきよち)まで陥れ、都の北京(ペキン)にせまらうとしました。清は驚いて、和睦を申し出て來ました。
下關の條約	そこで、下關(しものせき)で條約(でうやく)をむすんで、清と和睦をしました。はじめ、わが國は、清との戰がおこると、すぐに朝鮮と同盟(どうめい)をむすんで、互に助けあふことにきめ、制度を改めて政治をとゝのへさせ、
朝鮮のみちびき	朝鮮をみちびくことにつとめました。清は、下關の條約で、はつきりと、朝鮮を屬國(ぞくこく)あつかひにしない約束をしました。また、この時、臺灣や澎湖諸島(はうこしよたう)が、わが國の領土になり、臺灣總督府(たいわんそうとくふ)が置かれて、この地方の發展するもとゐができました。
東亞のまもり	このやうにして、東亞のまもりは、しだいにかためられようとしました。

第二十三　東亞のまもり(二)

わが國は、下關(しものせき)の條約(でうやく)で、清(しん)から遼東牛島(れうとうはんたう)をゆづりうける約束をしました。ロシヤは、かねがね朝鮮や満洲に勢をのばして、りつぱな根據地(こんきよち)をつくりたいとのぞんでゐたので、わが國の力で東亞がかためられるのをさまだけようと考へました。さうして、ドイツとフランスとに相談して、わが國に、遼東牛島を清にかへすやうにと、すゝめて來ました。思ひがけない申し出でありましたが、明治天皇(めいぢてんのう)は、事を大きくして平和をみだしたくないとおぼしめしになり、そのすゝめをおみとめになりました。ところが、この三國は、すぐさま、勝手なふるまひをはじめました。

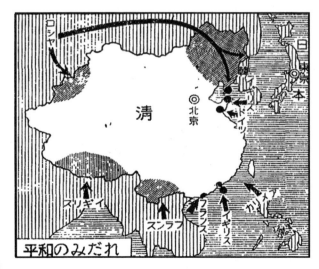

平和のみだれ

ロシヤの勢のひろまり	ロシヤは、まづ滿洲に鐵道を敷いて、本國とウラヂボストックと連絡(れんらく)のできるやうにしたいと考へ、淸にその權利をみとめさせました。さらに、關東州(くわんとうしう)を借りうけ、旅順(りよじゅん)に軍港をつくり、大連(だいれん)に町をひらき、鐵道をこゝまでのばして、かねてからののぞみをとげ、また、南滿洲(みなみまんしう)で鑛山(くわうざん)を掘り出す權利までもとりました。ドイツは、淸から膠州灣(かうしうわん)を借りうけて、靑島(せいたう)に根據をつくり、山東半島(さんとうはんたう)に鐵道を敷き、鑛山を掘り出す權利をとり、フランスも、廣州灣(くわうしうわん)を借りうけ、インドシナ半島から鐵道をかけることをみとめさせました。その頃、イギリスは、ロシヤと勢を爭つてゐたので、この形勢を見て、威海衛(ゐかいゑい)や九龍半島(きうりゅうはんたう)を借りうけました。また、アメリカは、ハワイを占領し、さらにイスパニヤと戰つて、フィリピン諸島とグァム島とをゆづらせました。このやうにして、ヨーロッパやアメリカの國々は、東亞に勢をひろめる根據地をつくりました。その上、ロシヤは、朝鮮に勢をのばして來たので、東亞の平和が、しだいにみだれて、天皇のせつかくのおぼしめしも、そのかひがなくなりました。
ドイツとフランスの權利	
イギリスとロシヤとの爭ひ アメリカの勢	
東亞に勢をひろめる根據地 平和のみだれ	
東亞のまもり ロシヤの進出	わが國では、さきに北方にあらはれたロシヤの勢を防ぎとめて、國土のまもりをかためましたが、その後、ロシヤはウラヂボストック方面から朝鮮にせまり、さらに滿洲に進出して、旅順(りよじゅん)・大連(だいれん)に及び、ま

朝鮮のうちわもめ ロシヤの約束 韓の政治 わが國ののぞみ 東亞のまもり 東亞のみだれ 清の内亂	すます朝鮮をおびやかして來ました。ところが、朝鮮では、わが國が清と戰つてまでも、もりたてようとしたにもかゝはらず、また政治をとるものの間に勢力爭がはじまり、新しい政治をよろこばないものは、かへつてロシヤをたのみにしたり、これに乘じて入りこんだアメリカの勢力をたよつたりして、再びうちわもめをおこしました。そのまゝでは、朝鮮があやふくなるので、わが國は、ロシヤに交渉(かうせふ)して、勝手なふるまひをしないことを約束させました。間もなく、朝鮮では、國王が皇帝の位について、國の名を韓(かん)と改めました。けれども、まだ、目ざめないものが多く、政治がなかなかゆきとゞかないで、文化も進みませんでした。そこへ、ヨーロッパやアメリカの人々が、しだいにはいつて來て、鑛山(くわうざん)を掘つたり、鐵道を敷いたりする權利をとりました。中でも、ロシヤは、政治にまで手だしをするやうになりました。わが國は、いつもこれを防いで、早く朝鮮がひらけて勢が强くなり、互に力をあはせて、東亞のまもりをかためることができるやうにしたいとのぞんでゐました。ところが、ヨーロッパやアメリカの勢力がひろまつたことから、支那がみだれ、ひいては朝鮮にも及んだので、わが國は、東亞のまもりのために、ロシヤと戰はなければならなくなりました。 清(しん)では、ヨーロッパやアメリカの國々が、あまり勢をのばして來るので、明治三十三年に、これをにくむものが内亂をおこし、北京(ペキン)に攻めこんで、らんばうをした上に、不法にも國々の公使館(こうしくわん)を

	とり圍みました。そこで、わが國は、イギリス・アメリカ・ロシヤ・ドイツ・フランスなどの國々と力をあはせて、これをしづめました。北淸事變(ほくしんじへん)と
公使館のまもり	よんでゐます。これから國々は、北支那に軍隊を置いて、公使館をまもることになりました。この事變の最中
東亞のみだれ	に、ロシヤは、兵を滿洲に出して各地を占領し、朝鮮にもせまつたので、東亞はみだれて來ましたが、淸・韓はだんだん衰へて、これをしづめる力がありませんでした。したがつて、明治天皇(めいぢてんのう)が、東亞の國々と力をあはせて、平和をかためたいとおぼしめしになつたことも、のぞみがうすくなつて來ました。ところが、
イギリスの考	南から東亞に勢をひろめて來たイギリスは、しだいに南下するロシヤの勢力を防ぎとめるには、わが國と力をあはせるより外はないと考へました。さうして、それまで
イギリスの世界海上權獨占	は、世界の至るところに植民地をつくり、ほとんど世界の海上權(かいじやうけん)を獨占(どくせん)して、どこの國とも、力をあはせないことをほこりにしてゐたにも
イギリスとの同盟	かゝはらず、進んでわが國と同盟(どうめい)をむすぶことになりました。そこで、わが國は、イギリスと力をあはせて、淸・韓の領土を安全にし、東亞のまもりをかため、平和をうちたてることになりました。今からおよそ四十年前のことで、この同盟は、三十年餘りつゞいて、しだいに範圍(はんゐ)がひろめられ、東亞の平和をたも
イギリス發展のもとゐ	つために、たいそう役立ち、また、イギリスが東亞に勢をひろめ、ひいては世界各地に發展(はつてん)するもとゐにもなりました。わが國は、滿洲から朝鮮にせまつて來たロシヤの勢力を防ぎとめるために、たびたびロシヤ

ロシヤの朝鮮北部占領	に忠告しましたが、少しも聞き入れないで、かへつて旅順(りよじゆん)のまもりをかため、海陸の兵を増し、朝鮮の北部を占領したので、そのまゝでは、韓がほろぼされてしまふおそれがありました。明治天皇は、たいそう
ロシヤとの戰	大み心をなやまされ、とうとう明治三十七年に、ロシヤと國交を絶ち、朝鮮に手だしをするのをやめさせて、東亞のまもりをかためるために、戰をおひらきになりました。その頃、ロシヤの勢がたいそう強かつたので、世界中の人々は、わが國の決心のかたいのに驚きました。

第二十四　東亞のまもり（三）

ロシヤとの
戰
　韓の目ざめ

ロシヤとの戰がおこると、韓(かん)は、ロシヤのおそろしいことに氣がついて、また、わが國にたよつて政治を改めようとしました。わが國が、あくまで、韓をみちびかなければならないと考へてゐることには、かはりありませんでした。

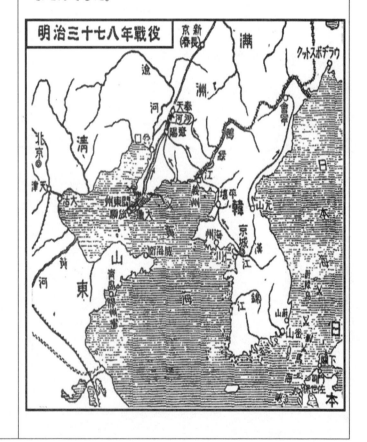

そこで、明治天皇(めいぢてんのう)は、大本營を宮中(き
ゆうちゆう)に置いて、陸海軍をおすべになり、陸軍は、
まつさきに、ロシヤ兵を平安道から打拂ひ、咸鏡道には
いるのを防いで戰ひました。

奉天の戰(入城式)

奉天の戰

つゞいて滿洲に攻めいり、陸軍大將(りくぐんたいしや
う)大山巖(おほやまいはほ)が總司令官(そうしれいくわ
ん)になり、遼陽(れうやう)や沙河(しやか)でロシヤ兵を
うちやぶつて進み、奉天(ほうてん)で大軍と戰つて大勝
利となりました。また、ロシヤが一ばんたのみにしてゐ
た旅順(りよじゆん)の要塞(えうさい)も陷れました。海軍

日本海の海戰	は、黄海(くわうかい)ではロシヤの東洋艦隊(とうやうかんたい)を、蔚山沖(うるさんおき)ではウラヂボストック艦隊をうちやぶりました。それで、太平洋艦隊が、はるばるヨーロッパからウラヂボストックを目ざして進んで來ましたが、わが海軍の聯合艦隊(れんがふかんたい)は、日本海(につぽんかい)の海戰(かいせん)で、これを全滅させました。この時、艦隊の司令長官(しれいちやうくわん)であつた海軍大將(かいぐんたいしやう)東郷平八郎(とうがうへいはちらう)が、戰のはじめに、「皇國の興廢(こうはい)、此の一戰にあり、各員(かくゐん)一層奮勵努力せよ。」といふ信號を旗艦三笠(きかんみかさ)にかゝげて、將兵を激勵(げきれい)したのは、名高い話であります。  日本海の海戰(旗艦三笠)

今、三月十日を陸軍記念日、五月二十七日を海軍記念日に定めてあるのは、明治三十八年のこの日に、奉天の戰と日本海の海戰とに大勝利を得たからであります。このやうに、わが國が、世界の強國ロシヤを相手にして、陸にも海にも、連戰連勝の勢で戰ふことのできたのは、ひとへにみいつのたまもので、國中に教育がよくゆきわたつて、國民に忠君愛國の精神が養はれ、みな義勇奉公(ぎゆうほうこう)の念にもえてゐたので、東亞のまもりをかためるために、心をあはせてふるひたつたからであります。さうして、擧國一致の美風を發揮して、平和をみだすものをうちやぶり、大いに國威(こくゐ)をかゞやかしたので、わが國の地位がにはかに高まり、世界の注視(ちゆうし)の的になりました。

わが國は、日本海(につぽんかい)の海戰(かいせん)の後、アメリカの大統領(だいとうりやう)ルーズベルトのすゝめがあつたので、ロシヤと和睦をすることにきめました。さうして、アメリカのポーツマスで條約をむすび、一年半にわたつた戰爭はをはりました。この條約で、ロシヤは、韓(かん)の世話をすつかりわが國にまかせることを約束したので、內鮮一體のもとゐがひらかれ、わが國ののぞんでゐた東亞のまもりは、かたくなりました。また同じ條約で、樺太(からふと)の南半分が、再びわが國の領土になり、シベリヤ・沿海州(えんかいしう)などの沿岸で漁業を營めるやうになり、また、ロシヤが南滿洲(みなみまんしう)で淸(しん)からみとめられてゐた權利をわが國にゆづりうけました。そこで、わが國で

忠君愛國義勇奉公の精神

國威のかゞやき

平和のもとゐ

ポーツマス條約

內鮮一體のもとゐ

漁業の營み

樺太の開發

滿洲開拓の いとぐち 平和のもと ゐ 戊申詔書の 御いましめ 世界の強國 世界の目ざ め 東亞のかた め	は、樺太廳(からふとちよう)を設けて樺太の開發をはか り、一そう北方のまもりをかためました。また、南滿洲 には、關東州(くわんとうしう)を治めるために、關東都 督府(くわんとうととくふ)を旅順(りよじゆん)に設け、今 の新京(しんきやう)から大連(だいれん)・旅順までの鐵道 を經營したり、これに沿つた地方の鑛山(くわうざん)を 掘つたりするために、南滿洲鐵道株式會社(みなみまんし うてつだうかぶしきくわいしや)を大連につくり、滿洲開 拓(かいたく)のいとぐちをひらきました。このやうにし て、みいつのひかりは大陸に及び、ロシヤの野心は防ぎ とめられて、平和のもとゐがきづかれました。この時に あたつて、明治天皇(めいぢてんのう)は、戊申詔書(ぼ んせうしよ)をお下しになつて、國民が、戰勝のよろこび のあまり、ゆだんすることのないやうに、御いましめに なりました。國民は、みな心をひきしめ、力をあはせ て、み國のためにつくしたので、國力はますます充實し て、わが國は世界の強國になりました。したがつて、 ヨーロッパやアメリカの人々に、世界で自分たちが一ば んすぐれてゐると考へてはならないことをさとらせるや うになり、また、世界各地の人々を目ざめさせました。 さうして、東亞のまもりは、わが國が中心になつてかた められてゆきました。

第二十五　東亞のかため

皇國(くわうこく)の使命(しめい)
　明治天皇のおぼしめし東亞のみちびき

明治天皇(めいぢてんのう)は、かねてから、ヨーロッパやアメリカの國々の勢力がしだいに世界中にひろまり、東亞の國々が、まだ世界の進みにおくれてゐることをたいそう御心配になり、わが國を盛にして、國土のまもりをかためるだけでなく、進んで、東亞の國々をみちびき、互に力をあはせて、産業をおこし、文化を進め、東亞をまもつて、平和をうちたてることは、皇國(くわうこく)の使命(しめい)であると、おぼしめしになりました。

朝鮮の御みちびき

そこで、わが國に一ばん近く、昔から關係(くわんけい)の深い朝鮮の御みちびきには、とりわけ大み心をかけさせられ、一方ならぬ御力づくしをなさいました。さうして、ロシヤとの戰で、滿洲にはいり、朝鮮にせまつてゐたロシヤの勢力をおしりぞけになると、すぐに伊藤博文

朝鮮の勢をもりかへす相談

(いとうひろぶみ)をつかはして、朝鮮の勢をもりかへすことについて、韓(かん)の皇帝と相談をさせられました。その結果、皇帝は、外交の事を一切わが國におまかせになりました。わが國がせつかく朝鮮のみちびきに力を入れても、外の國々からさまたげられて、政治がとかくみだれがちでしたから、皇帝は、

韓の皇帝のおのぞみわが國の地位

わが國の勢が盛になり、地位が高まつて來たのを御覽になつて、わが國の力で、外の國々の勢力を防ぎとめてもらひ、新しい方針をたてて、ひとすぢに內政をとゝのへてゆきたいとおのぞみになつたのであります。そこで、天皇は、博文を統監(とうかん)に任じ、京城(けいじやう)に統監府(とうかんふ)を置いて、朝鮮をみちびき、互に力をあはせて、東亞

東亞のまもり 東亞のかため 内政のみちびき	のまもりをかためることになさいました。 やがて韓(かん)の皇帝は、さらに内政についても、すべて統監(とうかん)のみちびきで改善をはかることにおきめになり、わが國の人々を招いて役人にとりたて、進んだ文物をおとり入れになりました。

親しいまじはり(皇太子の朝鮮行啓)

皇太子の朝鮮行啓	その頃、皇太子であらせられた第百二十三代大正天皇(たいしやうてんのう)は、朝鮮に行啓(ぎやうけい)になつて、親しく皇帝と御挨拶(ごあいさつ)をおかはしになり、間もなく韓の皇太子であらせられた今の昌德宮(しやうとくきゆう)李王(りわう)は、東京(とうきやう)に留學をなさつて、親しいまじはりはいよいよ深くなり、内鮮

内鮮一體の もとゐ	一體のもとゐがきづかれてゆきました。やがて、皇帝 は、世界の様子と東亞の形勢とを察して、朝鮮の人々を しあはせにし、東亞の平和をたもつためには、わが國と 一體になつて、皇室の御めぐみをいたゞくのが一ばんよ いと、お考へになりました。朝鮮の人々の中にも、同じ やうに考へるものが多くなつたので、皇帝は、明治四十 三年に、この事を明治天皇(めいぢてんのう)に御ねがひ になりました。天皇は、もつともにおぼしめしになり、 皇帝の御のぞみどほりに、これから朝鮮をお治めになつ て、東亞のまもりをますますおかためになりました。そ こで、内鮮は一體になつて、東亞(とうあ)の共榮圏(きよ うえいけん)をきづくもとゐができてゆきました。
韓の皇帝の お考	
明治天皇の おぼしめし	
東亞のかた め	
一視同仁 (いつしど うじん)の 御いつくし み 天照大神の おぼしめし 朝鮮地方の 新しい政治 皇帝や功勞 のあつた人 人の禮遇	明治天皇(めいぢてんのう)のみ代には、つぎつぎにわが 國土が廣くなつてゆきましたが、天皇は、新たに領土に なつた地方をお治めになるのに、昔からわが國土であつ た地方と少しもかはりなく、天照大神(あまてらすおほみ かみ)のおぼしめしをおひろめになり、つねに一視同仁 (いつしどうじん)の御いつくしみをたれさせられまし た。さうして、朝鮮をお治めになるためには、朝鮮總督 (てうせんそうとく)を置いて、政務をおすべさせにな り、京城(けいじやう)に朝鮮總督府(てうせんそうとくふ) を設け、寺内正毅(てらうちまさたけ)をはじめて朝鮮總 督に任ぜられました。今、十月一日を朝鮮の始政記念日 (しせいきねんび)と定めてあるのは、明治四十三年のこ の日に總督府が設けられ、新しい政治が始められたから であります。また、天皇は、前の皇帝(くわうてい)を王

天皇の御いつくしみ	(わう)として、昌德宮(しやうとくきゆう)李王(りわう)と稱(とな)へさせられ、代々これをおうけつがせになり、その御近親(ごきんしん)の方々をあはせて、みな皇族(くわうぞく)の禮(れい)を以て御もてなしになり、內政の改善に功勞のあつた朝鮮の人々には、華族(くわぞく)の禮遇(れいぐう)を賜はりました。また、朝鮮地方の人々をひとしく皇國臣民として御いつくしみになり、特別のきまりを設けてまでも、役人におとりたてになり、多くの學校を設けて、一やうに教育(けういく)に關(くわん)する勅語(ちよくご)のあぼしめしで教育をおひろめになり、ひたすら、まつりごとのゆきとゞくやうにおはかりになりました。その後、大正天皇(たいしやうてんのう)は、
一視同仁の御いつくしみ	明治天皇のおぼしめしをおうけつぎになつて、一視同仁の御いつくしみをますますおひろめになり、京城に朝鮮神宮(てうせんじんぐう)をお建てになつて、天照大神をおまつりしてまつりごとのもとゐをお示しになり、明治
朝鮮のまもり神	天皇をおまつりしてまつりごとのはじめを明らかにせられて、朝鮮のまもり神になさいました。このやうにして、皇室の御めぐみは、あまねく朝鮮に及んで、人々は安らかな生活を營み、內鮮一體のまごころがしだいに深
平和のかため	くなり、平和のもとゐがかためられました。
內鮮一體のまごころ 朝鮮政治の進み	朝鮮の政治は、代々の總督(そうとく)が、ひたすら一視同仁(いつしどうじん)のおぼしめしをひろめることに力をつくしたので、わづか三十年ほどの間に、たいそう進みました。したがつて、世の中はおだやかになつて、産
産業の開發	業は開發され、中でも、農業や鑛業(くわうげふ)の進みが

教育のひろ
まり

內鮮一體の
すがた

著しく、近年は工業の發達もめざましく、海陸の交通機關(かうつうきくわん)はそなはり、商業がにぎはひ、貿易は年ごとに發展(はつてん)してゆきました。また、教育がひろまり、文化が進むにつれて、風俗やならはしなども、しだいに內地とかはりないやうになり、制度もつぎつぎに改められて、內鮮一體のすがたがそなはつてゆきます。地方の政治には自治(じち)がひろまり、教育も內地と同じきまりになりました。とりわけ、陸軍では、特別志願兵(とくべつしぐわんへい)の制度ができて、朝鮮の人々も國防(こくばう)のつとめをになひ、すでに戰爭に出て勇ましい戰死をとげ、靖國神社(やすくにじんじや)にまつられて、護國(ごこく)の神(かみ)となつたものもあり、氏(うぢ)を稱へることがゆるされて、內地と同じに家の名前をつけるやうになりました。

內鮮一體のまごころ(皇國臣民誓詞之柱)

內鮮一體の まごころ 大陸前進の 基地	今日では、朝鮮地方二千四百萬の住民は、國民總力朝鮮聯盟(こくみんそうりよくてうせんれんめい)を組織(そしき)し、一齊(いつせい)に皇國臣民(くわうこくしんみん)の誓詞(ちかひ)をとなへて信愛協力(しんあいけふりよく)し、內鮮一體のまごころをあらはし、忠君愛國の志氣(しき)にもえて、みなひとすぢに皇國の目あてに向かつて進んでゐます。とりわけ、支那事變(しなじへん)がおこつてからは、朝鮮地方の地位がきはめて重くなり、大陸前進(だいりくぜんしん)の基地(きち)として、東亞共榮圈(とうあきようえいけん)を建設(けんせつ)するもとゐになり、わが國發展の上に大きな役割をになつて、內鮮一體のまごころは、ますますみがきあげられ、日に月に光をそへてゆきます。

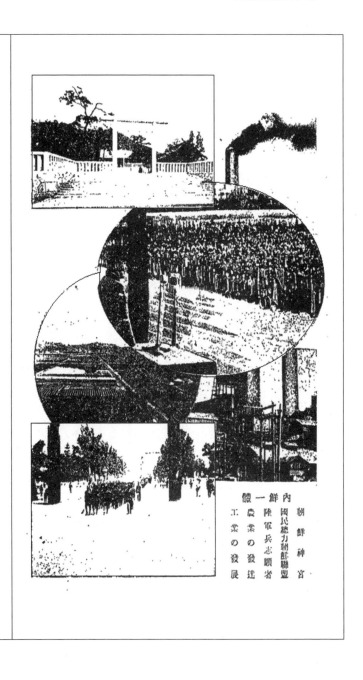

朝　鮮　神　宮
内　國民總力朝鮮聯盟
鮮　陸軍兵志願者
一　農業の發達
體　工業の發展

第二十六 躍進(やくしん)のほまれ

躍進(やく
しん)のみ
代
　明治天皇の
　おぼしめし

明治天皇(めいぢてんのう)は、神武天皇(じんむてんのう)御創業(ごさうげふ)のおぼしめしをそのまゝにおうけつぎになつて、大政を御一新あらせられ、天照大神(あまてらすおほみかみ)の肇國(てうこく)の御精神をいよいよおひろめにならうとおぼしめしになり、かしこくも、あけくれまつりごとに大み心をかけさせられました。憲法(けんぱふ)を御發布(ごはつぷ)になつてまつりごとのもとゐを示し、國民の御み
ちびき教育(けういく)に關(くわん)する勅語(ちよくご)を賜はつて教のもとゐを明らかにしたまひ、つねに國民を御みちびきになりました。そこで、太平にめぐまれてきづかれてゐた發展(はつてん)のもとゐが光をはなち、産業はおこり、文化は進み、世界のうごきと共に、國力國運の進みは充實し、國運(こくうん)は日に月に進みました。内にあつては、憲政(けんせい)がとゝのひ、億兆一心(おくてういつしん)、皇運扶翼(くわううんふよく)のまごころがひろまり、外にあつては、國威(こくゐ)がかゞやき、外國とのまじはりが深くなり、わが國の地位が高まるにつれて、さきに江戸(えど)の幕府(ばくふ)がむすんだ、わが國に不利な條約も改められてゆきました。まことに、そ躍進のみ代れまでにない躍進(やくしん)のみ代であります。明治四十五年の七月に、天皇の御病が重らせられた旨が發表されると、國民はみな仕事も手につかない有樣で、神や佛御平癒のお
祈りに祈つて御平癒(ごへいゆ)をねがひ、宮城前の廣場に集り、地上にぬかづいて皇居をふしをがみ、夜通しお祈り

明治天皇の崩御	をこめるものも、大ぜいゐました。けれども、そのかひもなく、御なやみは日一日と重らせられ、とうとう崩御(ほうぎよ)あらせられました。世界中の人々が、みなお惜しみ申しあげました。

御平癒のお祈り

やがて、東京(とうきやう)に明治神宮(めいぢじんぐう)をたてて天皇をおまつり申しあげ、また、天皇の御生まれになつた十一月三日を明治節(めいぢせつ)と定めて、聖徳(せいとく)をあふぎ、毎年お祝ひして、躍進のみ代をしのびたてまつることになりました。

世界の日本 國力の發揮 ヨーロッパの戰爭	明治天皇(めいぢてんのう)がおかくれになると、大正天皇(たいしやうてんのう)のみ代になりました。さうして、國運(こくうん)はいよいよ進み、國力が發揮されて、今日、世界を指導(しだう)するわが國の地位がきづかれてゆきました。大正三年の七月には、ヨーロッパで、戰爭がおこりました。

大正天皇

その頃、ドイツとオーストリヤ＝ハンガリー、ロシヤとフランスとイギリスは、それぞれ同盟（どうめい）をむすんで、勢を爭つてゐましたが、つひに戰になりました。國々の植民地が至るところに入りまじつてゐるので、戰爭は世

戰爭のひろがり

界中にひろがりました。イタリヤ・アメリカなど、世界のおもな國々も、みな加つて、ヨーロッパでは、五年の長い間、はげしい戰がつづきました。はじめて飛行機や潜

新しい兵器
戰術

水艦（せんすゐかん）が盛に使はれ、また、新しい兵器や戰術が、いろいろ考へ出されました。この戰爭がはじまると、ドイツは、膠州灣（かうしうわん）のまもりをかためたり、軍艦をわが國の近くに送り、出入りするイギリスなどの船をねらつて、貿易をさまたげたりしました。

同盟のよしみ

わが國は、イギリスとの同盟のよしみを重んじ、東亞を

まもつて平和をたもつために、これをやめるやうにドイツに忠告しました。しかし、聞きいれませんでしたから、とうとう戦をひらき、膠州灣を攻め、靑島(せいたう)の要塞(えうさい)を陷れました。また、南洋にあつたドイツの島々を占領し、さらに、ドイツの潜水艦が、インド洋や地中海(ちちゆうかい)を荒すのを防ぎました。

東亞のまもり

このやうにして、ドイツの勢力を打拂つたので、東亞のまもりはゆるぐことなく、世界の國々が戦爭をしてゐる間にも、國民は安心して、仕事にはげむことができました。そこで、國力が充實し、國威(こくゐ)はかゞやきました。

講和會議の中心

戦爭がをはつて、フランスのパリーで講和(かうわ)の會議がひらかれると、わが國は、イギリス・アメリカ・フランス・イタリヤと共に、五大國として、相談の中心になりました。

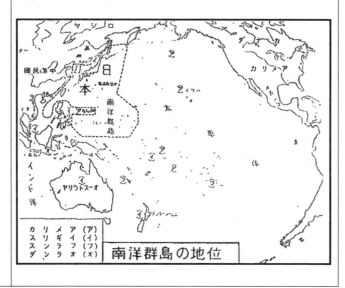

南洋群島の地位

國際聯盟	大正八年の六月には、平和條約(へいわでうやく)ができあがり、國々は、長いこと戰爭で苦しんだので、國際聯盟(こくさいれんめい)をつくつて、永遠(えいゑん)の平和をはかることを約束しました。これから、世界の國々は、できるだけ戰爭のおこらないやうにして、國力の充實をはかりました。わが國では、産業がおこり、貿易が
わが國の發展	盛になり、商工業は進んで、世界のどこにもまけないほどに發展(はつてん)しました。また、わが國は、もとドイツの領地であつた南洋群島(なんやうぐんたう)を統治
南洋群島の統治	(とうち)することになりました。小笠原諸島(をがさはらしよたう)の南につづいて、太平洋の中にある島々で、南洋廳(なんやうちよう)ができて、十萬餘りの人々が、新たに天皇の御めぐみをうけるやうになりました。さうし
太平洋のゆきき	て、太平洋のゆききがひらけるにつれて、この地方は、たいそう大切なところになつてゐます。

第二十七　世界のきそひ

ヨーロッパの戰爭の後に、世界の樣子がたいそうかはり
ました。世界の國々は、國力の充實をきそひました。中
でも、アメリカやイギリスの勢は、ますます強くなりま
した。ロシヤは、戰爭中に内亂がありましたが、勢をと
りもどさうとして、一生懸命になりました。ドイツも、
國力をもりかへさうとして、めざましい活動をつゞけま
した。さうして、國國の商工業は盛になつて、海や陸や
空の交通は進歩し、無線電信(むせんでんしん)・海底電線
(かいていでんせん)などがにはかに發達し、世界の國々
は、隣あはせのやうになり、世界の文化は、日に月に進
みました。けれども、それにつれて、ヨーロッパの國々
の關係(くわんけい)はますますこみいつて來ましたか
ら、影響(えいきやう)がしぜんと世界の各地に及びまし
た。また、太平洋では、わが國やアメリカ・イギリス・フ
ランスなどの領地が入りまじり、その上、支那では、う
ちわもめや國々の勢力爭がつゞいたので、とかく太平洋
や支那でも、めんだうがおこりさうになつて來ました。
このやうな時に、大正天皇(たいしやうてんのう)は、外
國とのまじはりの大切なことをおぼしめされ、その頃皇
太子であらせられた第百二十四代今上天皇(きんじやうて
んのう)を海外(かいぐわい)におつかはしになり、戰後の
樣子をくはしく御覽あそばすやうにさせられ、また、
ヨーロッパの國々に御挨拶(ごあいさつ)をさせられまし
た。

世界文化の
　進み

國々のこみ
いつた關係

太平洋と支
那

外國とのま
じはり

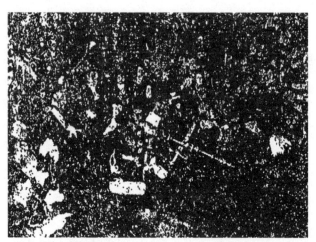

皇太子の海外行啓(ぎやうけい)(ロンドンの奉迎(ほうげい))

そこで、さつそくイギリスからは皇太子、フランスから
は大統領(だいとうりやう)の使が、お禮の御挨拶にまゐ
りました。

支那のみだ
れ
　國勢のもり
かへし

明治天皇(めいぢてんのう)のみ代の末に、支那では、清
(しん)がわが國に見ならつて政治を改め、國勢をもりか
へさうとつとめました。ところが、清をたふさうとする
ものがあらはれ、皇帝は位を退き、やがて、大正二年に

中華民國の
うちわもめ

は、中華民國(ちゆうくわみんこく)ができました。けれ
ども、ひきつゞき、うちわもめがたえませんでした。そ
の國の政府は、ヨーロッパやアメリカの國々にたすけを
かりて政治をとゝのへようと考へ、支那で鐵道を敷いた
り、鑛山(くわうざん)を掘つたり、會社をたてたりする

分けどりに
されるおそ
れ

ことをみとめました。そのために國々からおさへられ、
しまひには、國を分けどりにされさうになりました。

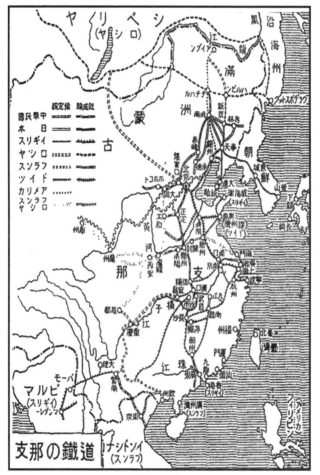

世界のきそひ

ちやうどそこへ、ヨーロッパの大戰がおこつて、一時あ
やふいところをのがれました。しかし、チベットや外蒙
古(ぐわいもうこ)・新疆(しんきよう)は、しだいにイギリス
やロシヤのために、支那からひきはなされるやうにな

戦後のきそひ	り、戦争がをはると、ヨーロッパやアメリカの國々は、さらに相きそつて、支那に勢をひろめて來たので、國中がいよいよさわがしくなりました。
軍備制限(ぐんびせいげん)の會議(くわいぎ) 軍備の擴張	世界の國々は、勢力争がはげしくなり、關係(くわんけい)がこみいつて來ると、みな國のまもりをかためようと考へ、軍備(ぐんび)を擴張(くわくちやう)して、盛に軍艦や飛行機を造りました。わが國の近くでは、イギリスがシンガポールや香港(ホンコン)、アメリカがハワイやフィリピン、ロシヤがウラヂボストックなどの根據(こんきよ)を、ますますかたくしました。わが國も、海のまもりをかためなければならなくなつて、りつぱな軍艦や飛行機を造り、イギリスやアメリカをもしのがうとしました。その上、國力はひきつづき充實して來ました。アメリカは、この様子を見て、たいそう心配して、國々の軍備を制限(せいげん)して、戦争のおこらないやうにしなければならないと考へました。そこで、世界の國々をさそつて、ワシントンで相談をひらきました。大正天皇(たいしやうてんのう)は、進んで使をおつかはしになりました。この會議(くわいぎ)で、世界の平和をたもつために、いろいろの條約(でうやく)がきまりました。これをワシントン會議とよびます。わが國は、イギリス・アメリカ・フランス・イタリヤなどの國々と、お互に海軍の軍備を小さくして、新しい軍艦を造らないことなどを約束しました。これから、世界の國々は、たびたび軍備を制限するために會議をひらいたり、戦争のおこらないやうに相談をしたりしました。
海のまもり	
軍備の制限	
ワシントン會議	

第二十八　國力のあらはれ(一)

大み代のさかえ
　地位の高まり

このやうに世界の樣子がうつりかはるにつれて、わが國の地位はますます高まりました。國內では、教育があまねくゆきわたり、學問が進みました。また、新しい產業がおこり、商工業が進み、世界の國々とのゆききがしげくなつて、世の中の樣子がすつかりかはりました。それにつれて、大ぜいの國民が、一生懸命に仕事にはげんでゐるのに、中には、外國の流行をまねることばかり考へたり、生活がゆたかなのにまかせて勝手なふるまひをしたりするやうなものもあらはれました。このやうな時に、大正十二年九月、突然、關東地方に大地震(おほぢしん)があつて、東京(とうきやう)や橫濱(よこはま)では大火事がおこり、ほとんど燒野原(やけのはら)となり、けがをしたり、なくなつたりしたものが、十萬餘りもありました。大正天皇(たいしやうてんのう)は、たいそう御心配になつて、お手もと金を賜はり、その頃、皇后(くわうごう)であらせられた皇太后(くわうたいこう)は、かしこくも、災難にかゝつた人々を親しく御見舞になつて、御いつくしみをたれさせられました。また、天皇は、國民精神作興(こくみんせいしんさくこう)に關(くわん)する詔書(せうしよ)をお下しになつて、明治天皇(めいぢてんのう)が國民を御みちびきになつたおぼしめしを忘れないで、互にいましめあひ、みな心をあはせて仕事にはげみ、地震や火事の損失をとりもどし、一そう國力を強めるやうに、御さとしになりました。

皇太后の御いつくしみ

國民のはげみ

國民は、ありがたいおぼしめしをいたゞき、みな心をひきしめてはたらいたので、東京は、前にもましてりつぱな都になり、國力は發展しました。やがて、大正十五年に、天皇がおかくれになつて、今上天皇(きんじやうてんのう)がみ位におつきあそばされました。天皇は、明治天皇や大正天皇のおぼしめしをうけつがせられて、わが國の勢が一そう盛になるやうにおはかりになりました。國民は、ますますみ國のためにつくしましたから、國力はいよいよ充實し、文化は進んで、みな大み代のさかえにめぐまれてゐます。

今上天皇のおぼしめし

大み代のさかえ

産業のうつりかはり

農業の進歩

世界中の國々で産業の樣子がかはるにつれて、わが國の産業も、それまでとは、すつかりかはつて來ました。昔から一ばん大切な産業であつた農業は、ますます進歩し、農産物も多くなり、人口がふえるためにとかく不足

工業の發展	

工業の發展(製鐵)

がちであつた食料も、朝鮮や臺灣の農業がひらけたので、しだいにおぎなはれました。そのほか、さまざまの産業がみな一やうに進み、とりわけ工業が中心になつて、めざましく發展(はつてん)しました。

工業の發展(綿糸(めんし)の紡績(ばうせき))

工業の發展(汽車の製造)

工業が進歩する
につれて、世界
の各地から原料
(げんれう)を輸
入して、早くか
ら工業のひらけ
てゐたヨーロッ
パやアメリカで
できる製品にも
まさつた、りつ
ぱな品物を造り
出すやうになり
ました。

工業の發展(自動車の製造)

貿易のさか え 貿易發展の さまたげ	そこで、貿易もたいそうさかえて、わが商船の航路は、世界の至るところにひろまりました。ところが、外國では、めいめいの國の産業をおこさうとして、本國と植民地とだけで取引をしたり、ごく親しい間がらの國々だけが互に貿易をしたりするやうになり、しぜんと、わが國との貿易にも、原料を賣りをしんだり、高い關税(くわんぜい)をかけたりして、發展をさまたげるやうになりました。

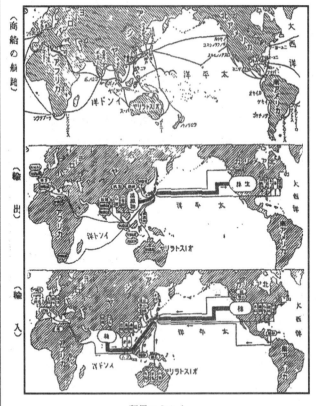

貿易のさかえ

自給自足の 經濟 東亞共榮圏 の建設	そこで、わが國では、國々とのまじはりを親しくして貿易をますます盛にすることにつとめるばかりでなく、み國のさかえに大切な産業をさらに盛にし、自給自足(じきふじそく)の經濟(けいざい)をかためることになり、進んでは、東亞の國々と力をあはせて、共榮圏(きようえいけん)を建設(けんせつ)し、世界の國々を目ざめさせようとしてゐます。
國民の海外 (かいぐわ い)發展(は つてん) 　發展進取の 精神 　太平洋沿岸 への發展	明治天皇(めいぢてんのう)のみ代に、國民の元氣が盛になり、發展進取(はつてんしんしゆ)の精神が發揮され、海外(かいぐわい)へはたらきにゆくものが多くなりました。どこに出かけても、仕事に勤勉なのでよろこばれました。國威(こくゐ)のかゞやくにつれて、太平洋沿岸の各地では、年年數がふえてゆきました。ハワイ諸島やアメリカ西部のカリフォルニヤ地方から、遠くは南アメリカのブラジルやペルーに渡りました。また、大陸方面に
大陸への發 展	出かけて、支那の各地で商賣をしたり、滿洲で産業をおこしたりするものが、大ぜいゐました。中でも、朝鮮から滿洲に移住(いぢゆう)して農業を營むものが多く、間島(かんたう)の地方は、朝鮮から移つたものの力でひらけました。一方、南洋方面では、マレー諸島やフィリピンへはたらきにゆくものも少くありませんでした。この
南洋方面へ の發展 アメリカな どの制限	やうにして、國民の海外發展は盛になりましたが、アメリカなどは、新しくゆくものを入れなくなり、そのほかでも、いろいろ制限(せいげん)されるやうになりました。また、中華民國(ちゆうくわみんこく)では、内亂がつゞいたので、支那や滿洲にゐるものは、たいそう苦し

北滿洲の開拓

みました。しかし滿洲は、昭和七年に滿洲國(まんしうこく)ができておだやかになると、大ぜいの人々が、一家うち揃つて出かけ、北滿洲(きたまんしう)にも移住して産業をおこし、この地方を開拓(かいたく)するため、熱心にはたらいてゐます。

第二十九　國力のあらはれ(二)

東亞のうごき	わが國は、かねてから、中華民國(ちゆうくわみんこく)
	と親しいまじはりをつづけて、互に助けあひ、ヨーロッ
わが國のの	パやアメリカの國々が支那で勝手なふるまひをするのを
ぞみ	やめさせ、東亞のまもりをかため、永遠の平和をうちた
	てたいとのぞんでゐました。それで、ヨーロッパの大戰
	の後、この國と條約をむすんで、互に領土の安全をたも
平和をかた	ち、平和をかためることを約束しました。ところが、
める約束	ヨーロッパやアメリカの國々の中には、わが國と支那と
	が親しくなつて、東亞のまもりがかためられるのをさま
	たげるものが多くなりました。その上、中華民國は、う
	ちわもめがたえないために勢がしだいに衰へ、しまひに
	は、ヨーロッパやアメリカの國々の力をかりて、自分の
わが國の發	勢をふるはうと考へるものが出て、わが國の勢をおさ
展をさまた	へ、發展をさまたげなければ、中華民國の勢をもりかへ
げるくはだ	すことはできないと、となへました。そこで、ほんたう
て	に世界の様子を知らないものは、わが國でできた品物を
	買ふのをやめたり、わが國の人々の商賣や旅行をさまた
	げたりするやうになりました。イギリス・アメリカ・フラ
	ンス・ロシヤなどは、この有様を見て、さらに支那に勢力
人民の苦し	をひろめて來ましたから、人民はたいそう苦しみまし
み	た。
滿洲帝國	
(まんしう	滿洲(まんしう)の地方も、中華民國(ちゆうくわみんこく)
ていこく)	になつてから、政治がゆきとゞかないためにみだれまし
の成立ち	た。さうして、わが國の人々の旅行や、移民(いみん)の仕
滿洲地方の	
みだれ	

滿洲事變 住民のよろこび 滿洲との同盟 國際聯盟離脱 滿洲帝國 めざましい發展 治外法權の撤廢 新東亞のもとゐ	事がさまたげられました。しまひには、軍隊までが、わが南滿洲鐵道(みなみまんしうてつだう)の線路をうちこはすやうなことをしたので、わが居留民にらんばうなふるまひをするものが各地にあらはれました。わが國では、やむをえず、軍を動かしてうちしづめました。昭和六年のことで、滿洲事變(まんしうじへん)とよびます。その結果、滿洲の住民は、わが軍のおかげで、安心してくらせるやうになつたのをたいそうよろこんで、新しく滿洲(まんしう)といふ國を建てました。わが國は、滿洲と深いえんがあるので、さつそく、この國と同盟(どうめい)をむすびました。ところが、中華民國は、國際聯盟(こくさいれんめい)にたのんで、わが國に手をひかせようとくはだてました。聯盟は、東亞の樣子がよくわからないで、せつかくできた滿洲をみとめませんでした。わが國は、思ひきつて聯盟から離脱(りだつ)し、どこまでも、滿洲と力をあはせて、東亞のまもりをかためることにしました。滿洲は、間もなく帝國になり、制度をとゝのへて國のもとゐをかためたので、しだいに政治がゆきとゞき、教育はひろまり、交通はひらけ、產業はおこつて、めざましい發展(はつてん)をとげてゐます。農產物がゆたかで、また、石炭や鐵がたくさんとれて工業がおこり、わが國との貿易は、ますます盛になりました。昭和十二年に、わが國が治外法權(ちぐわいはふけん)を撤廢(てつぱい)したことによつても、發展の跡がうかゞはれます。 さきに、今上天皇(きんじやうてんのう)は、滿洲(まんしう)

滿洲皇帝の御來訪 新しい東亞のもとゐ	が帝國になると、秩父宮(ちゝぶのみや)雍仁親王(やすひとしんわう)を御名代(ごみやうだい)としてお祝のために滿洲におつかはしになりました。そこで、滿洲の皇帝は、翌年、御自らお禮のためにわが國に御來訪(ごらいはう)になりました。この時、天皇は東京停車場(とうきやうていしやぢやう)に行幸になつて、親しく皇帝をお出迎へあそばし、あつく御もてなしあらせられました。滿洲皇帝は、つねにわが國と一體親善の關係(くわんけい)をむすんで、親しい東亞のもとゐをかためなければならないと、かたく御決心になりました。

滿洲皇帝の御來訪

さうして、國のまじはりは、年と共に深くなつてゆきました。わが國で紀元(きげん)二千六百年の意義ある年を迎へるに際しては、皇帝が、また、親しくわが國にお出でになつて、天皇にお祝ひを申しあげられたばかりでなく、おかへりになつてから、新京(しんきやう)に建國神廟(けんこくしんべう)を設けて、天照大神(あまてらすおほ

八紘一宇の 理想	みかみ)をまつらせられ、わが國と全く同じに、八紘一宇（はつくわういちう)の理想(りさう)に向かつて、ひとすぢに進む御方針をお示しになりました。  八紘一宇(滿洲帝國の建國神廟)
支那事變 (しなじへ ん)	滿洲帝國(まんしうていこく)のもとゐがかたまるにつれて、蒙古(もうこ)や北支那にも、わが國のみちびきで、東亞の平和をうちたてようとくはだてるものが、しだいにあらはれました。ところが、中華民國(ちゆうくわみんこく)の政府は、まだ目ざめないで、かへつて、滿洲の發展(はつてん)をさまたげたり、わが居留民を苦しめたりしました。その上、昭和十二年の七月に、中華民國の軍
支那事變の おこり	隊は、北支那にゐるわが軍隊に戰爭をしかけて來たので、支那事變(しなじへん)がおこりました。わが國は、戰爭で支那の人民を苦しめたくないので、ひとまづ各地にゐるわが居留民をひき上げさせて、らんばうなふるま

わが國の大決心 宮中の大本營 連戰連勝の勢 飛行機の活動	ひのやむのを待たうとしました。けれども、中華民國は、ヨーロッパやアメリカの國々をたのみにして、日ましに軍備をかため、わが軍にてむかつて來ました。そのまゝでは、ますます人民が苦しむばかりでなく、ひいては東亞がみだれてしまひますから、わが國は、大決心をかため、海陸の大軍を出して、支那をうちしづめることにきめました。おそれ多くも、今上天皇(きんじやうてんのう)は、宮中(きゆうちゆう)に大本營を置いて、日夜親しく軍務をみそなはせられました。支那の各地に出征したわが軍は、北支那では、天津(てんしん)や北京(ペキン)をしづめ、太原(たいげん)をおとし、中支那では、上海(シヤンハイ)をしづめ、首府の南京(ナンキン)を陷れ、漢口(かんかう)を攻めおとし、南支那では、廣東(カントン)をしづめ、海南島(かいなんたう)を占領し、連戰連勝の勢で、その目的をとげるために戰ひ、また、支那の海岸に船の出入するのをさしとめ、さらに、飛行機は、めざましい活動をつゞけ、はるばる敵の根據地(こんきよち)を襲ひ、交通路を爆撃(ばくげき)して、しだいに外國とのゆききを絶ちました。廣東の攻擊には、かしこくも秩父宮(ちゝぶのみや)雍仁親王(やすひとしんわう)が、親しく御參加になり、その後も、飛行機に召して、戰線を御視察(ごしさつ)あそばされ、漢口の攻擊には、東久邇宮(ひがしくにのみや)稔彥王(なるひこわう)が、諸軍の指揮にあたらせられ、海南島の占領には、高松宮(たかまつのみや)宣仁親王(のぶひとしんわう)が御參加あらせられました。

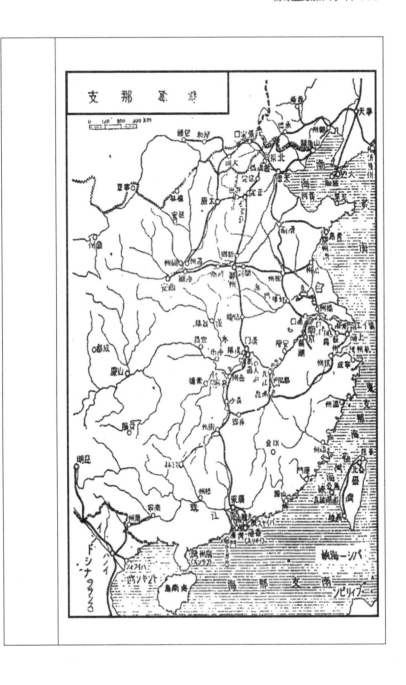

皇恩のかたじけなさ	將兵は、みな皇恩のかたじけなさに感激し、士氣は、いよいよ振るひ、相きそつてかゞやかしい武勳(ぶくん)を立てました。このやうにして、支那の中心になる地方は、すべてわが軍が占領しましたが、ヨーロッパやアメリカの國々の中には、まだわが軍にてむかふものを助けて、武器や彈藥などを賣りこんでゐるものが少くなかつたので、昭和十三年の明治節(めいぢせつ)に當つて、わが國は、さらに大方針を聲明(せいめい)し、支那の人々を目ざめさせ、國々の誤つた考をただしました。國民も、みな奮起して、いかに事變が長びいても、この機會(きくわい)に皇國(くわうこく)の大使命(たいしめい)を果さなければならないと、ますます覺悟(かくご)をかたくしました。
皇國の大使命	
中華民國(ちゆうくわみんこく)の目ざめ 皇國の目あて 支那の秩序回復	わが國では、支那事變(しなじへん)がおこつてから、このやうに、ひとすぢに皇國の目あてに向かつて進んでゐます。支那の各地では、わが軍の力で治安(ちあん)がたもたれるにつれて、進んだ考をもつたものがあらはれ、早く平和をうち立てたいとのぞんで、しきりに秩序(ちつじよ)の回復(くわいふく)に力を入れました。わが國は、守備(しゆび)の軍を出して、治安をたもつばかりでなく、興亞院(こうあゐん)を設けて、政治や經濟(けいざい)や文化の各方面にわたり、新しい支那の發展(はつてん)と平和の確立(かくりつ)とのため、一心に指導(しだう)と援助(ゑんじよ)とにつとめました。そのかひがあつて、昭和十五年には、南京(ナンキン)に中華民國(ちゆうくわみんこく)の新しい政府ができ上つたので、わが國は、
中華民國の新政府	

東亞共榮圈の建設	さつそく、これと力をあはせて、支那の新しい秩序をとゝのへることを約束しました。その上、わが國は、滿洲帝國(まんしうていこく)と中華民國とに相談して、この國々をみちびき、産業をおこし、文化を進めて、東亞(とうあ)の共榮圈(きようえいけん)を建設(けんせつ)することを、かたくとりきめました。このやうにして、支那事變がおこつてから、わが國の地位は、いよいよ高まつて來ました。まことに、國民がみな國體をわきまへ、ひとへにみいつのひかりをいたゞいて、一億一心、皇運扶翼(くわううんふよく)のまごころを發揮して、國力が充實して來たたまものであります。
國力充實のたまもの	

空のきそひ(重爆撃機:ぢゆうげくげきき:の雄姿:ゆうし)

第三十　大國民(だいこくみん)の心がまへ

今や文化の著しい發展(はつてん)にともなつて、人類の生活に、これまでにないうつりかはりがおこつてゐます。さきに、海上の交通が進んで、世界の形勢がすつかりかはつてから、國國のきそひは、海洋(かいやう)の支配(しはい)を目ざしてあらはれました。近年では、空中の交通もひらけ、通信(つうしん)の機關(きくわん)が發達したので、さらに、世界の様子がかはり、國々は空の支配までもきそふ時代になつて來ました。したがつて、日をおつて世界のきそひがはげしくなりました。また、産業のうつりかはりにつれて、世界の國々は、爭つて商工業の發展をはかつたので、日常の生活をはじめ、思想(しさう)にも、學問にも、ひいては政治にも、大きな影響(えいきやう)がありました。國々の中には、ゆたかなものが働かないでぜいたくをしたり、勝手なふるまひをしたりするために、社會の秩序(ちつじよ)がみだれ、内亂がおこつたところさへありました。とりわけ、ロシヤでは、共産主義(きようさんしゆぎ)をとなへるものが、勢をふるひ、これまでの國家の組織(そしき)や社會の秩序をすつかりうちこはさなければ、人類の幸福をはかれないといつて、勝手に制度をつくりかへたので、人民がたいそう苦しみました。その上、世界中に共産思想をひろめようとはかつたので、わざはひを被つた國が少くありませんでした。世界の國々は、みなこの危險(きけん)な思想がひろまることをたいそう心配してゐました。このや

世界のすゝみ
　文化の發展

　海洋のきそひ

　空のきそひ

　産業のうつりかはり

社會秩序のみだれ

共産思想のわざはひ

世界のうごきの中心

ヨーロッパの新秩序	うな世界のうごきの中で、わが國は、イギリスやアメリカとならんで、その中心になる重要な地位を占めてゐました。ところが、さきに戰爭にやぶれたドイツでは、國民が一致團結し、心をあはせて働き、産業をおこし、文化を進めて、大いに勢をもりかへしました。さうして、昭和十四年には、ドイツとイギリス・フランスとの間に、また戰爭がおこりました。ドイツは、イタリヤとむすんで、たちまちフランスを攻めやぶり、イギリスにせまりました。その上、ドイツとイタリヤとは、さらに互に力をあはせて、ヨーロッパに新しい秩序をうちたてようとしてゐます。
世界の新秩序(しんちつじょ)	世界の様子がうつりかはるにつれて、東亞におけるわが國の地位は、いよいよ重くなりました。さきに、ロシヤは、東亞に勢をふるふために、共産思想(きょうさんしさう)をひろめて、國々をみださうと考へてゐました。わが國では、世界の平和と人類の幸福とのために、はやくから、この危險(きけん)な思想を防ぎとめることにつとめ、防共(ばうきよう)の精神を明らかにしてゐました。
共産思想の防ぎとめ	
防共協定	そこで、同じ考をもつてゐるドイツと防共協定(ばうきようけふてい)を結び、力をあはせてその目的を達しようとしました。支那事變(しなじへん)がおこつてから、中華民國(ちゆうくわみんこく)の政府は、ロシヤをたよりにして、その思想を國内に傳へることをみとめたために、支那はみだれて人民がたいそう苦しんだので、わが國は、ますます覺悟(かくご)をかため、支那をしづめて、新しい秩序(ちつじょ)をうちたてようとしました。そこで、イタリヤも、防共協定に賛成して、進んでこれに參

加しました。ところが、イギリス・フランスやアメリカなどは、支那に持つてゐる自分の權益(けんえき)を失ふのをおそれて、わが國の發展(はつてん)をさまたげようと考へ、わが國にてむかふものを助けることに力を入れました。やがて、ドイツやイタリヤは、イギリス・フランスと戰をひらくと、ますますわが國と親しくなりました。

世界の新秩序

さうして、昭和十五年九月には、さらに三國は、互に心をあはせて助けあひ、世界に新しい秩序をうちたて、永遠の平和と人類の幸福とのために力をつくす約束をきめました。その後、ヨーロッパの國々の中にも、つぎつぎにこの約束に加るものがあらはれました。一方、中華民國には新しい政府ができ上り、滿洲帝國のもとゐはいよいよかたく、インドシナ方面の國々も、しだいに目ざ

東亞の新秩序

め、わが國のみちびきによつて、東亞の新秩序が建設(けんせつ)されてゆきます。ところが、アメリカは、わが國がますます發展するのを見て、わが國との貿易を制限(せいげん)したり、太平洋方面の軍備を擴張(くわくちやう)したりすると共に、イギリスを助けて勢をもりかへさせ、世界に新秩序がうちたてられるのをさまたげようとしてゐます。わが國では、ますます世界文化の進みにおくれないやうに、政治にも、經濟(けいざい)にも、思想

國體をもとゐにした新

にも、學問にも、生活のすべてにわたり、國體をもとゐにして、わが國もちまへの精神を發揮した新體制(しんたいせい)をうちたて、擧國一致の心がまへをかためて、國力の充實をはかると共に、外に對しては、いよいよ國防をかためて萬一にそなへ、國交をとゝのへて親善をは

皇國の理想

かり、皇國の理想(りさう)を明らかにして、世界の國々を目ざめさせようとつとめてゐます。

國防のかため(太平洋のまもり)

大國民(だいこくみん)の心がまへ

肇國のおぼしめし
國運の進展

わが國の大使命

皇國臣民の責任

皇國の目あて

わが大日本帝國は、天照大神(あまてらすおほみかみ)の肇國(てうこく)のおぼしめしをひとすぢにうけつがせられる御代々の天皇の御盛德(ごせいとく)と、いつの世にもかはらない國民の皇運扶翼(くわううんふよく)の忠誠とによつて、國運(こくうん)は進展し、國威(こくゐ)はかゞやいて來ました。今日では、世界強國の一つとなり、これまでにない重要な地位を占め、さらに東亞の國々の中心になつて新秩序(しんちつじよ)を建設(けんせつ)すべき大使命(だいしめい)をになつてゐます。このやうな時にあたつて、私ども皇國臣民の責任(せきにん)は、きはめて大きいのであります。私どもは、つねに國史の跡をかへりみて、わが國體の尊嚴(そんげん)をさとり、皇國の目あてをわきまへ、祖先以來うけついだ忠君愛國の志氣(しき)と、發展進取(はつてんしんしゆ)、世界

皇國臣民の信念	雄飛(せかいゆうひ)の精神にもとづいて、皇國臣民としての信念をかたくし、さらに東亞をはじめ、世界の國々が興亡盛衰(こうばうせいすゐ)した跡をたづねて、世界の形勢のいはれを知り、わが國體の萬邦無比(ばんばうむひ)であることをわきまへ、よく皇國の大使命をさとり、
大國民の心がまへ	大國民としての心がまへを養はなければなりません。さうして、ひとへに天皇陛下の御恩德をあふぎたてまつ
教育に關する勅語のお示し	り、教育(けういく)に關(くわん)する勅語(ちよくご)のお示しのまゝに、各自修養(かくじしうやう)につとめて、りつぱな強い國民になり、職業にはげんで、その本分をづくし、互に信愛協力(しんあいけふりよく)して國力の充實と國勢の進展とをはかり、東亞の共榮(きようえい)、進んでは世界人類の安寧幸福(あんねいこうふく)の
國史の光輝	ために力をつくし、わが國史に一そうの光輝(くわうき)を添へるやうに心がけなければなりません。

初等國史　第六學年　終

み代のすがた

み代の順	み代の名	み代のはじめ(紀元年數)	重　な　事　が　ら	年代(紀元年數)
一	神武天皇	元	橿原の都。 天皇のみ位のはじめ。 まつりごとの役目のきまりー齋部氏と中臣氏、大伴氏と物部氏。	元
二	綏靖天皇	八〇		
三	安寧天皇	一一二		
四	懿德天皇	一五一		
五	孝昭天皇	一八六		
六	孝安天皇	二六九		
七	孝靈天皇	三七一		
八	孝元天皇	四四七		
九	開化天皇	五〇三		
一〇	崇神天皇	五六四	天照大神のまつりー神宮のおこり。 神社のきまり。 農業の御すゝめ。	
一一	垂仁天皇	六三二	皇大神宮のはじめ。 農業の御すゝめ。	
一二	景行天皇	七三一	日本武尊の熊襲蝦夷御ことむけ。	
一三	成務天皇	七九一	琵琶湖のほとりの都。 地方のさかひ。	
一四	仲哀天皇	八五二	神功皇后の新羅御ことむけー三韓とのゆききーみいつのかゞやき。	
一五	應神天皇	八六一	大阪の都。 海外のまつりごと(任那)ー百濟の親しみ。 支那の學問や商業のとり入れー文化の進み。	
一六	仁德天皇	九七三	大阪の都ー國運の進み。	
一七	履中天皇	一〇六〇		
一八	反正天皇	一〇六六		
一九	允恭天皇	一〇七二		
二〇	安康天皇	一一三		
二一	雄略天皇	一一六	外宮(豐受大神宮)のおこりー産業の進みー南支那とのゆきき。 百濟のお世話(公州の都)ー百濟の親しみ。	
二二	清寧天皇	一一三九		
二三	顯宗天皇	一一四五		

二四	仁賢天皇	一一四八		
二五	武烈天皇	一一五八		
二六	繼體天皇	一一六七		
二七	安閑天皇	一一九一		
二八	宣化天皇	一一九五		
二九	欽明天皇	一一九九	任那のをはり―大陸のうつりかはり 佛教の傳はり―新しい文化の傳はり。	一二一二
三〇	敏達天皇	一二三二		
三一	用明天皇	一二四五		
三二	崇峻天皇	一二四七		
三三	推古天皇	一二五二	改新のもとゐ(聖德太子)―憲法のお示し―神のまつりのおすゝめ。佛教のひろまり。支那とのまじはり(外交のはじめ)―隋とのゆきき。法隆寺ができた。南の島々のゆきき。隋がほろびて唐かおこつた.。	一二六七
三四	舒明天皇	一二八九	唐とのまじはり。	
三五	皇極天皇	一三〇二		
三六	孝德天皇	一三〇五	大化の改新。藤原鎌足のてがら。	一三〇五
三七	齊明天皇	一三一五	蝦夷のことむけ―蝦夷のみちびき。百済のねがひ。	
三八	天智天皇	一三二一	新しいきまりのとゝのひ。百済・高麗がほろびて新羅がさかんになつた―新羅とのゆきき。國防のかため―唐とのまじはり―遣唐使のゆきき―進んだ文化のとり入れ―支那文化の進みとアラビヤ人の海上發展。	
三九	弘文天皇	一三三一		
四〇	天武天皇	一三三二	銀が掘り出され、錢がつくられた。	
四一	持統天皇	一三四六		
四二	文武天皇	一三五七	大寶律令。	
四三	元明天皇	一三六七	銅が掘り出され、錢がつくられた。奈良の都―都のさかえ―文化の進み―海外文化の傳はり。	一三七〇
四四	元正天皇	一三七五		
四五	聖武天皇	一三八四	渤海とのゆきき。藤原氏の皇后―藤原氏のさかえ。佛教のさかえ―國分寺と地方の開發。金が掘り出された。開墾御獎勵のおぼしめし―莊園のひろまり。	

番	天皇	年	事項	
四六	孝謙天皇	一四〇九		
四七	淳仁天皇	一四一八		
四八	稱德天皇	一四二四		
四九	光仁天皇	一四三〇		
五〇	桓武天皇	一四四一	京都の都ー平安京。 新しいきまり。 蝦夷のことむけ。	一四五四
五一	平城天皇	一四六六		
五二	嵯峨天皇	一四六九	新しいきまり。	
五三	淳和天皇	一四八三		
五四	仁明天皇	一四九三	最後の遣唐使。	
五五	文德天皇	一五一〇	藤原氏の太政大臣。	
五六	清和天皇	一五一八	攝政のはじめー藤原氏のさかえ。	
五七	陽成天皇	一五三六		
五八	光孝天皇	一五四四		
五九	宇多天皇	一五四七	關白のはじめー藤原氏のさかえ。 國のまじはりのとだえー大陸のうつりかはり。	
六〇	醍醐天皇	一五五七	唐がほろびて支那がみだれた。 莊園のひろまりー武士のおこり。 契丹(遼)がおこつて渤海がほろびた。	
六一	朱雀天皇	一五九〇	高麗が新羅をほろぼしたー高麗のねがひー商人のゆききー關係のうつりかはり。	
六二	村上天皇	一六〇六		
六三	冷泉天皇	一六二七		
六四	圓融天皇	一六二九	宋の支那統一ー國風のほこり。	
六五	花山天皇	一六四四		
六六	一條天皇	一六四六	藤原氏のおごりー制度のくづれー地方政治のみだれ。	
六七	三條天皇	一六七一		
六八	後一條天皇	一六七六	源氏が關東地方の亂を平げた。	
六九	後朱雀天皇	一六九六		
七〇	後冷泉天皇	一七〇五	源賴義・義家が奥羽地方の亂を平げたー源氏の盛になるもとゐ。	
七一	後三條天皇	一七二八	親政のおぼしめしー藤原氏のおとろへはじめーまつりごとのすがたのうつりかはりー莊園のさしとめ。	
七二	白河天皇	一七三二		

七三	堀河天皇	一七四六	源義家が奥羽地方の亂を平げた－源氏の盛になるもとゐ。	
七四	鳥羽天皇	一七六七	金のおこり。	
七五	崇德天皇	一七八三	宋が南支那にうつった－支那文化の進み。平氏が瀬戸内海の海賊を平げた－平氏の盛になるもとゐ。	
七六	近衛天皇	一八〇一		
七七	後白河天皇	一八一五	源氏や平氏が都にのぼつて朝廷の役人にとりたてられた。	
七八	二條天皇	一八一八	平清盛が源氏の勢をうちたふこと。	
七九	六條天皇	一八二五	平氏のさかえ－太政大臣平清盛－宋とのゆきき－新しい文化の傳はり－國民生活の進み。	
八〇	高倉天皇	一八二八		
八一	安德天皇	一八四〇		
八二	後鳥羽天皇	一八四八	親政のおぼしめし。守護の御ゆるし－國中のしづめ－源頼朝のてがら。禪宗の傳はり。征夷大將軍源頼朝－武士のとりしまり－鎌倉の幕府。	一八五二
八三	土御門天皇	一八五八	蒙古のおこり。	
八四	順德天皇	一八七〇	源氏がほろびた－北條義時の執權－まつりごとのすがたのうつりかはり。	
八五	仲恭天皇	一八八一	後鳥羽上皇のおぼしめし－朝廷中心のまつりごと。	
八六	後堀河天皇	一八八一	北條氏が幕府のきまりをきびしくした。	
八七	四條天皇	一八九二		
八八	後嵯峨天皇	一九〇二		
八九	後深草天皇	一九〇六	皇族の征夷大將軍。	
九〇	龜山天皇	一九一九	蒙古(元)が高麗を從へた－元の使が來た－クビライののぞみ。	
九一	後宇多天皇	一九三四	元寇のおこり。元の支那統一－宋がほろびた－アジヤヨーロツパのゆきき－ヨーロツパ人のあこがれ。元寇のをはり－擧國一致－神風－國體のさとり－國民の元氣。海外とのゆきき。幕府の衰へ。	一九四一
九二	伏見天皇	一九四七		
九三	後伏見天皇	一九五八		
九四	後二條天皇	一九六一		

九五	花園天皇 <small>はなぞの</small>	一九六八		
九六	後醍醐天皇 <small>ごだいご</small>	一九七八	親政のおぼしめし。 建武の中興。 楠木正成の忠義。 吉野行宮の行幸ー國中のみだれ。 元の衰へ。	一九九三 一九九六
九七	後村上天皇 <small>ごむらかみ</small>	一九九九	楠木正行の忠孝。 北畠親房の忠義。	
九八	長慶天皇 <small>ちやうけい</small>	二〇二八	明がおこつて元がほろびた。	
九九	後龜山天皇 <small>ごかめやま</small>	二〇四三	高麗がほろびて朝鮮がおこつた。 京都の都に還幸。	二〇五二
一〇〇	後小松天皇 <small>ごこまつ</small>	二〇五二	足利義滿ー京都室町の幕府ー大名まかせの政治。 足利義滿と明とのまじはりー勘合の貿易ー新しい學問や佛教や美術の傳はりー文化の進み。 朝鮮とのゆききー貿易のにぎひ。	
一〇一	稱光天皇 <small>しようくわう</small>	二〇七二	朝鮮とのゆききー三浦のにぎはひー條約によるゆきき。	
一〇二	後花園天皇 <small>ごはなぞの</small>	二〇八八		
一〇三	後土御門天皇 <small>ごつちみかど</small>	二一二四	京都の戰亂のおこりー應仁の亂。 戰亂のひろがりー強いもの勝の勢力あらそひー世のうつりかはり。 ヨーロツパ人の勢力ーアメリカ發見ーアフリカまはりの航路ー文化の進みー海上發展。	二一二七
一〇四	後柏原天皇 <small>ごかしはばら</small>	二一六〇		
一〇五	後奈良天皇 <small>ごなら</small>	二一八六	ヨーロツパ人のおとづれーポルトガル人との貿易ーキリスト教の傳わり。 勘合貿易のとりやめー商人のゆききー海外發展のいきほひ。 ムガール帝國のおこり。	二二〇三
一〇六	正親町天皇 <small>おほぎまち</small>	二二一七	織田信長の都入りー太平のもとゐ。 キリスト教のひろまりー少年使節のローマ入り。	二二二八
一〇七	後陽成天皇 <small>ごやうぜい</small>	二二四六	朝廷中心のまつりごとのおぼしめしー國中のしづめー豐臣秀吉ー國中一體のすがたー太平のめぐみ。 ヨーロツパ人のゆきき(ポルトガル人・イスパニヤ人)ー海洋のきそひー海外貿易のにぎはひー貿易船の許可證。 キリスト教のさしとめー神國のまもり。 國威のかゞやきー英雄のこゝろざしー國民の元氣。 唐入りの計畫ー國王參内のすゝめ(琉球と朝鮮)ー唐入りの道案内ー大名の渡海ー戰爭のおこりー東亞一體のいとぐち。 明軍との戰ー和睦の條件ー明の不信ー文祿慶長の役。 征夷大將軍德川家康ー江戸の幕府ー太平の世ー城下町のにぎはひー商業の進みー地方の開發。 德川氏と朝鮮とのまじはりー通信使ー釜山貿易のにぎはひ。	二二五〇 二二七一

一〇八	後水尾天皇	二二七一	ヨーロッパとのゆきき(イスパニヤ・ポルトガル・イギリス・オランダ)。 海外渡航の發展ー朱印船の貿易ー日本町のにぎはひ。 神國のまもりー貿易のにぎはひとキリスト教ー德川家光のこゝろざしー海外渡航のさしとめ。	二二九六
一〇九	明正天皇	二二八九	海外とのゆききのうつりかはり(長崎の貿易)ーキリスト教の根だやしー佛教のひろまり。 神國のまもりーキリスト教信者の亂ーポルトガル人渡來のさしとめ。	二二九九
一一〇	後光明天皇	二三〇三	親政のおぼしめしー學問の御すゝめ。 學問の進みー山崎闇齋。 明がほろびた。	
一一一	後西天皇	二三一四	德川光圀の國史編纂ー國體のさとり。 清の支那統一。	
一一二	靈元天皇	二三二三	航路の開拓ー河村瑞賢。	
一一三	東山天皇	二三四七	ロシヤ・イギリスが盛んになつた。。	
一一四	中御門天皇	二三六九	德川吉宗の産業奬勵ー地方産業の進みー發展のもとゐ。 新しい學術のひろまりーヨーロツパ文化とり入れのもとゐ。	二三八〇
一一五	櫻町天皇	二三九五		
一一六	桃園天皇	二四〇七	國史や國文の研究ー國學の進み。	
一一七	後櫻町天皇	二四二二		
一一八	後桃園天皇	二四三〇	アメリカ合衆國のおこり。 イギリス人支那貿易のおこり。	
一一九	光格天皇	二四三九	先覺者のあらはれー林友直。 ロシヤ人が樺太や千島に來たーロシヤとの交渉ー海のまもりー國民のめざめー國力充實大陸發展の論(佐藤信淵)。 北方のかためー蝦夷地のしらべー探檢測量(近藤守重・伊能忠敬・間宮倫宗)。 國土のまもりーイギリスのふるまひー新しい武器戰術の研究(江川英龍)。	二四五二
一二〇	仁孝天皇	二四七七	外國船の打拂ひ。 オランダの國のまじはりのすゝめ。	
一二一	孝明天皇	二五〇六	みいつのかゞやきー天皇の江戸の幕府御いましめ。 アメリカの使が來たー攘夷と開港の論ー愛國の志氣。 安政の假條約ー幕府とアメリカやヨーロツパの國々とのまじはり。 國中のしづめー幕府うちたふしの論ーまつりごとのすがたのうつりかはり。	二五一八
一二二	明治天皇	二五二七	德川慶喜の御ねがひー幕府政治のをはり。 王政復古。 (明治元年)一新の御ちかひー一新のまつりごとー大政御一新(明治維新)ー和親のおぼしめしー外交のおこり。	二五二七 二五二八

				東京の都ー東京行幸。 (二年)大名のをはり。 (四年)府縣のきまり。 清とのまじはり。 ヨーロツパやアメリカの國々とのまじはりー岩倉具視の出發。 神祀のきまり。 宮中に賢所・皇靈殿ができた。 (五年)宮中に神殿ができた。 琉球が國土に入つた。 (六年)兵役のきまりー國民皆兵の精神。 (七年)清が臺灣を治めることになつた。 (八年)北方國境のきまり。 (九年)朝鮮とのまじはりー朝鮮の目ざめー内鮮一體のいとぐち。 (二十二年)皇室典範のさだめ。 帝國憲法の發布ーまつりごとのもとゐ。 (二十三年)教育に關する勅語ー教のもとゐ。 第一回帝國議會。 (二十七年)條約改めの約束ーイギリス。 清との戰爭ー明治二十七八年戰役。 (二十八年)清から臺灣をゆづりうけたー下關の條約。 (三十一、二年)ヨーロッパの國々が支那に勢をひろめた。 (三十三年) 北清事變ー東亞のみだれ。 (三十五年)イギリスとの同盟ー東亞の平和ーイギリス發展のもとゐ。 (三十七年)ロシヤとの戰爭ー明治三十七八年戰役ー東亞のまもりー世界の目ざめ。 (三十八年)ポーツマスの條約ー平和のもとゐ。 朝鮮のみちびきー統監府ー内鮮一體のもとゐ。 (三十九年)滿洲開拓のいとぐちー南滿洲鐵道株式會社。 (四十年)樺太の開發ー華太廳。 皇太子(大正天皇)の朝鮮行啓ー親しいまじはり。 (四十一年)戊申詔書の御いましめ。 (四十三年)韓國の目ざめー朝鮮の併合ー内鮮一體ー一視同仁の御いつくしみー東亞のかため。 (四十五年)清がほろびて中華民國がおこつた。	二五四九 二五五四 二五六四 二五七〇
一二三	大正天皇 <ruby>大正天皇<rt>たいしやう</rt></ruby>	二五七二		(大正三年)ヨーロッパの大戰爭ードイツとの戰爭。 (六年)ロシヤの内亂。 (八年)ヨーロッパ大戰爭のをはりーパリー講和條約ー國際聯盟ー我が國の地位が高まつた。 (九年)明治神宮ができた。 (十年)皇太子(今上天皇)の海外行啓。 (十、十一年)世界平和のための國々の會議ーワシントン會議ー支那と太平洋とでのもつれ。 (十一年)南洋群島の統治ー南洋廳。 (十二年)關東の大地震　皇室の御いつくしみ。 精神作興に關する詔書ー國運の進み。 (十四年)朝鮮神宮ができた。	二五七四
一二四	今上天皇 <ruby>今上天皇<rt>きんじやう</rt></ruby>	二五八六		(昭和六年)滿洲の事變ー中華民國のみだれー滿洲のしづめ。	

| | | | (七年)滿洲國との同盟━新東亞のもとゐ。
(九年)滿洲國が帝國になつた。
(十一年)防共協定。
滿洲の發展━治外法權の撤廢。
(十二年)支那事變━大本營━支那のことむけ━國體のかゞやき━蒙古や支那と一家の親しみ━擧國一致。
(十四年)ドイツとイギリス・フランスとの戰爭。
(十五年)ドイツ・イタリヤとの協約━世界新秩序の建設。
中華民國新政府の成立━條約のとりきめ━東亞新秩序の建設━東亞の共榮圈。
滿洲帝國の建國神廟━八紘一宇。 | 二五九二

二六〇〇 |

昭和十六年三月二十八日翻刻印刷
昭和十六年三月三十一日翻刻發行
昭和十七年九月三十日第三版發行

國史 六年

定價金三十三錢

著作權所有

著作兼發行者　朝鮮總督府

翻刻發行兼印刷者
京城府大島町三十八番地
朝鮮書籍印刷株式會社
代表者　井上主計

發行所

京城府大島町三十八番地
朝鮮書籍印刷株式會社

편자소개(원문서)

김순전 金順槇
소속 : 전남대 일문과 교수, 한일비교문학·일본근현대문학 전공
대표업적 : 저서 :『한일 경향소설의 선형적 비교연구』, 제이앤씨, 2014년 12월

사희영 史希英
소속 : 전남대 일문과 강사, 일본근현대문학 전공
대표업적 : 저서 :『『國民文學』과 한일작가들』, 도서출판 문, 2011년 9월

박경수 朴京洙
소속 : 전남대 일문과 강사, 일본근현대문학 전공
대표업적 : 저서 :『정인택, 그 생존의 방정식』, 제이앤씨, 2011년 6월

장미경 張味京
소속 : 전남대 일문과 강사, 일본근현대문학 전공
대표업적 : 저서 :『제국의 식민지 창가』, 제이앤씨, 2014년 8월

김서은 金瑞恩
소속 : 전남대 일문과 강사, 일본근현대문학 전공
대표업적 : 논문 :「근대 한일미디어와 대중가요의 相乘作用 考察」, 日本語文學,
　　　　　 2015년 6월

차유미 車惥美
소속 : 전남대 일문과 석사, 일본근현대문학 전공
대표업적 : 논문 :「일제강점기 國史의 敍事 고찰 -『普通學校國史』와『初等國史』
　　　　　 를 중심으로」

여성경 呂娍景
소속 : 전남대 일문과 석사, 일본근현대문학 전공
대표업적 : 논문 :「일제강점기 초등학교 교과서의 공간 변용-『初等地理』와『國語
　　　　　 讀本』을 중심으로-」

朝鮮總督府 編纂 初等學校 「歷史」 교과서 (中)

초판인쇄 2017년 10월 11일
초판발행 2017년 10월 20일

편 자 김순전 사희영 박경수 장미경 김서은 차유미 여성경 공편
발 행 인 윤석현
발 행 처 제이앤씨
등록번호 제7-220호
책임편집 차수연

주 소 01370 서울시 도봉구 우이천로 353
대표전화 (02) 992-3253
전 송 (02) 991-1285
홈페이지 www.jncbms.co.kr
전자우편 jncbook@dauml.net

ⓒ 김순전 외, 2017. Printed in KOREA.

ISBN 979-11-5917-082-9 94910   **정가** 32,000원
　　　979-11-5917-080-5 (전3권)